Stefan Winkelmeyr

Selbst
Regale, Schränke und
Raumteiler bauen

Compact Verlag

© 2002 Compact Verlag München
Nachdruck, auch auszugsweise,
nur mit ausdrücklicher Genehmigung
des Verlags gestattet.
Alle Anleitungen wurden
sorgfältig erprobt – eine
Haftung kann dennoch
nicht übernommen werden.
Redaktion: Anne Kaspar
Umschlaggestaltung: Ingeborg Cisse
Umschlagfotos: Osmo (große Abb.), Münster,
Guddas, Bremen (kl. Abb.)
Produktion: Henning Liebke
Druck: Color-Offset GmbH, München
ISBN 3-8174-2279-2
2222795

Besuchen Sie uns im Internet:
www.compactverlag.de

Vorwort

Ein Wort zuvor

Selbermachen – ein Hobby, das heute für Millionen zur sinnvollen Freizeitbeschäftigung geworden ist. Ob es sich nun um die gemietete Altbauwohnung oder um die eigenen vier Wände handelt, mit etwas Geschick und einer fachmännischen Anleitung lassen sich oft verblüffende Ergebnisse erzielen: bei kleineren Reparaturen, beim Renovieren und Verschönern und beim Um- und Ausbauen.

Und Selbermachen bringt Spaß und Freude an der eigenen Arbeit, deren Ergebnis man Tag für Tag sehen und »bewundern« kann. Es spart Geld, mit dem sich langgehegte Wünsche erfüllen lassen, und es macht unabhängig von Handwerkern, auf die man womöglich wochenlang und schließlich vergeblich gewartet hat.

Fachgeschäfte, Heimwerker- und Baumärkte versorgen den Hobby-Handwerker mit allen Werkzeugen und Materialien, die er braucht. Doch richtiges Werkzeug und Begeisterung allein reichen nicht aus. Unerlässlich sind eine gründliche Vorbereitung und Fachkenntnisse, wie eine Arbeit durchzuführen ist und was dabei zu beachten ist.

COMPACT PRAXIS **Selbst Regale, Schränke und Raumteiler bauen** zeigt, wie man's macht. Mit wertvollen Tipps und Tricks, die sich in der Praxis tausendfach bewährt haben. Jeder Arbeitsgang wird ausführlich Schritt für Schritt gezeigt und in Bild und Text erläutert. Übersichtliche Symbole zeigen auf einen Blick, mit welchem Schwierigkeitsgrad, welchem Kraft- und Zeitaufwand Sie bei jedem Arbeitsgang rechnen müssen, welche Werkzeuge Sie brauchen und wie viel Geld Sie durch Ihre eigene Arbeit einsparen können.

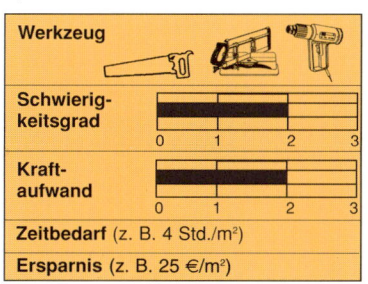

Und so stufen Sie sich richtig ein:

Schwierigkeitsgrad 1 – Arbeiten, die auch der Ungeübte ausführen kann. Es ist nur geringes handwerkliches Geschick erforderlich.

Schwierigkeitsgrad 2 – Arbeiten, die einige Übung im Umgang mit Werkzeug und Material erfordern. Es ist handwerklich durchschnittliches Geschick notwendig.

Schwierigkeitsgrad 3 – Arbeiten, die fachmännische Übung erfordern. Überdurchschnittliches Geschick ist erforderlich.

Kraftaufwand 1 – Leichte Arbeit, die jeder bequem erledigen kann.

Kraftaufwand 2 – Arbeiten, die eine gewisse körperliche Kraft voraussetzen.

Kraftaufwand 3 – Arbeiten für kräftige Heimwerker, die keine »Knochenarbeit« scheuen.

Inhaltsverzeichnis

Auf einen Blick

Fachkunde

Die richtige Planung	6
Skizze oder Werkzeichnung	8
Maße und Normen	9
Ein wichtiges Thema: Sicherheit	10

Materialkunde

Ein vielseitiges Material: Holz	12
Holzwerkstoffe	15
Metall – vielseitig einsetzbar	16
Licht und Transparenz mit Glas	18
Naturstein als Werkstoff für Regale	19
Porenbeton und Gips	20
Kunststoffe	21
Beschläge	22
Klebstoffe und Dichtungsmaterialien	24
Lasuren, Lacke, Beizen …	26

Werkzeugkunde

Die wichtigsten Werkzeuge	30

Inhaltsverzeichnis

Grundkurse

Holz fachgerecht verbinden	32
Nuten und Fräsen	35
Schweißen und Nieten	36
Glas richtig schneiden	38
Porenbeton bearbeiten	39

Arbeitsanleitungen

Regal aus Leimholz und Aluminium	40
Ein Schrank fürs Kinderzimmer	48
Wandregal mit Giebel	52
Ein Raumteiler aus Leimholz	56
Abgestufter Raumteiler aus Porenbeton	60
Schrankwand mit Schiebetüren	64
Ein Raumteiler für kleine Bäder	68
Raumteiler aus Glasbausteinen	72
Zweimal schräg: Regal im Giebel	76
Garderobenschrank mit Dach	82
Vielseitig einsetzbar – Rollcontainer zum Ausklappen	88

Sachwortregister   95

Abbildungsverzeichnis   96

Fachkunde: Planung

Die richtige Planung

Eine richtige Planung erspart viel Zeit und Mühe. Wenn Sie Regale, Raumteiler oder Schränke selbst bauen wollen, sollten Sie vorab für sich einige grundlegende Fragen beantworten:

Was soll im Schrank bzw. Regal untergebracht werden?
Bei vielen Materialien ist es wichtig, schon vorher zu wissen, ob etwa schwere Bücher oder z.B. nur wenige Glassachen auf das Regalfach gelegt werden. Bei schweren Lasten biegen sich die Fachböden, wenn die Regalfachbreite, Abstützung oder Zwischenaufhängung bzw. Materialstärke nicht entsprechend zur Belastung gewählt werden.

Auch die richtige Oberfläche muß ausgesucht werden. Aktenordner mit Metallecken hinterlassen beispielsweise auf lackierten Holzregalböden nach einiger Zeit durch das Herausnehmen der Ordner unschöne Kratzspuren. Achten Sie auch auf die richtige Tiefe der Regal- und Fachböden.

Natürlich muß auch entschieden werden, ob die Böden fest in die Seitenteile eingebunden werden, oder ob Sie sie verstellbar ausführen wollen, damit Sie das Erscheinungsbild variieren können. Bedenken Sie auch, daß bei offenen Fächern die Gegenstände schnell verstauben. Wenn Kleidungsstücke untergebracht werden sollen, kann es leicht passieren, daß durch das Sonnenlicht die Farben ausbleichen. Hier sollten dann besser die Gegenstände durch Schrank- bzw. Regaltüren geschützt werden.

Wollen Sie Ihre HiFi-Anlage, den Fernseher oder eine Beleuchtung im Schrank oder Regal unterbringen, dann berücksichtigen Sie die möglichen Antennen- bzw. Stromzuleitungen. Vielleicht lassen sich diese Kabel durch geschickte Planung unsichtbar integrieren.

Regal und Schrank – fest eingebaut oder zerlegbar?
Die meisten Menschen sind mehr als einmal umgezogen. Bei Umzügen ist man froh, wenn die Möbel zerlegbar sind.
Durch eine ausgereifte Verbindungstechnik erreicht man auch bei **zerlegbaren Regalen** oder Schränken die notwendige Standfestigkeit. Wichtig ist dabei, für die beabsichtigten Materialien

Bibliothek unter der Schräge

Fachkunde: Planung

und Ausmaße die geeigneten **Beschlagsysteme** zu verwenden, um ein Ausleiern durch Überbeanspruchung zu vermeiden.

Welche Räume sollen durch einen Raumteiler voneinander abgetrennt werden?
Ein Raumteiler kann neben der rein optischen Funktion, Räume voneinander zu trennen, auch dazu dienen, lästigen Küchengeruch von einem Essplatz fernzuhalten. Auch als Lärmschutz ist er je nach Ausführung geeignet. Beziehen Sie diese Funktionen in die Wahl Ihrer Materialien für den Raumteiler ein.

Welche Materialien bevorzugen Sie in Ihrem Wohnumfeld?
Eine Vielzahl von Materialien werden heute im Möbelbau eingesetzt: vom traditionellen Werkstoff Holz über Stahl bis hin zu Glas. Sie müssen vorher überlegen, ob Sie mit dem geplanten Möbelstück einen Kontrastpunkt zu Ihrer bisherigen Möblierung setzen wollen, oder ob Sie lieber gleiche Materialien, Oberflächen und Farben wünschen. Bedenken Sie dabei, daß durch **Lichteinwirkungen** das Holz Ihrer alten Möbel bereits nachgedunkelt

Telefonstehpult passend zur Wand

ist. Ergänzte Teile werden immer leichte Unterschiede aufweisen. Eine wichtige Rolle spielt auch die Farbe. Helle **Farben** machen einen Raum freundlich, dunkle dagegen wirken düster. Knallige Farben sollten nur punktuell eingesetzt werden.

Fachkunde: Entwurf skizzieren

Skizze oder Werkzeichnung

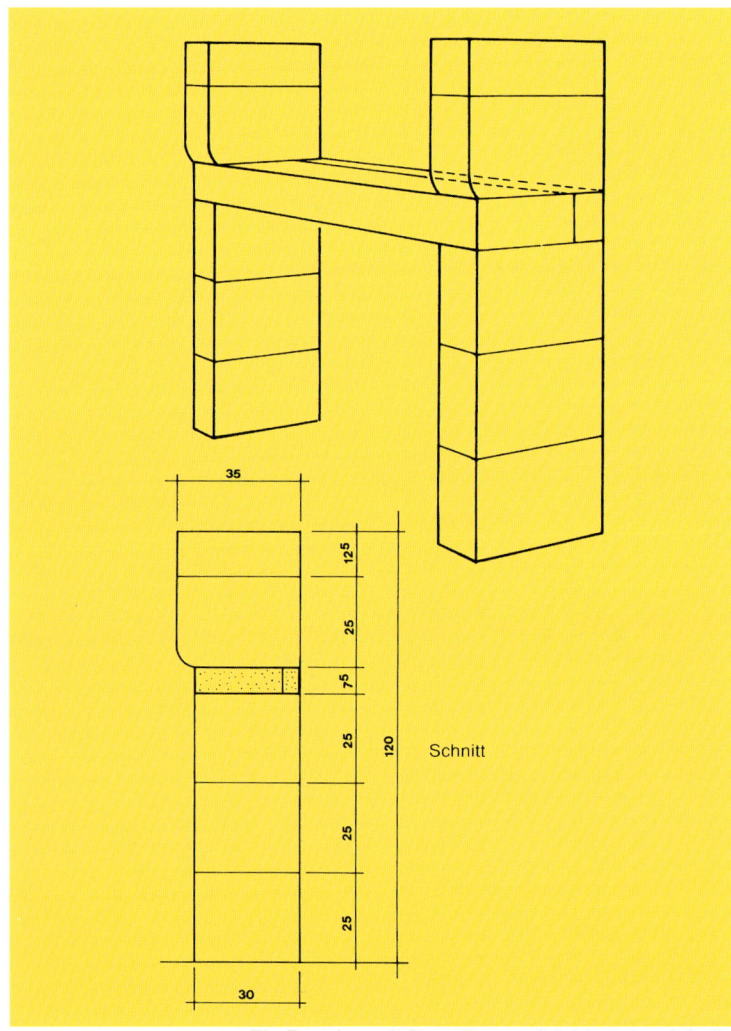

Ein Bauplan mit Bemaßung erleichtert das Arbeiten

Geübte Selbstbauer kommen in der Regel mit einer Skizze aus. Ansonsten empfiehlt es sich, eine Vorder-, Seitenansicht und Draufsicht des Regals, Schranks oder Raumteilers anzufertigen. Wenn Sie ein Zeichenbrett besitzen, lassen sich die Maße einfach in die jeweilige Ansicht übertragen.

Daneben zeigen perspektivische Pläne bereits den räumlichen Eindruck. Farbig angelegt, vermitteln diese Entwürfe ein gutes Bild, wie Ihr Möbelstück einmal aussehen wird.

Tragen Sie die Maße ein. Vermeiden Sie bei der Bemaßung so genannte Maßketten, d. h. eine Aneinanderreihung von Maßabschnitten. Ist ein Teilmaß falsch, sind alle folgenden Maße in der Summe ebenfalls nicht richtig.

Profitipp
Stellen Sie nach der Zeichnung eine exakte Material- und Zubehörliste zusammen. Dadurch erleichtern Sie sich den Einkauf beim Fachbetrieb oder in den Baumärkten. Halten Sie auch Alternativen fest, falls Sie die von Ihnen gewünschten Systeme nicht bekommen sollten.

Fachkunde: Genormte Maße

Maße und Normen

Eine Vielzahl gebräuchlicher Maße wird durch die **DIN** (Deutsche Industrienorm) exakt festgeschrieben. Bücher in DIN A 4 z. B. sind genau 21 cm breit und 29,7 cm hoch. Auch im Küchenbereich sind Normen selbstverständlich, ebenso wie es für Schuhe verbindliche Größen gibt. Um beim Bau von Schränken oder Regalen im Nachhinein nicht unliebsame Überraschungen zu erleben, sind rechts die wichtigsten Maße aufgelistet.

Daneben sind noch eine Reihe von speziellen Gegebenheiten in Ihrer Wohnung zu berücksichtigen:
- Wie hoch darf das Regal sein, damit es in der beabsichtigten Höhe noch aufgestellt werden kann?
- Schlägt die Zimmereingangstür gegen den Schrank?
- Welchen Winkel hat die Schräge? Wichtig für den Einbau von Regalen unterm Dach.
- Welche Maße hat Ihr Fernseher, Ihre HiFi-Anlage?
- Oder welche Schuhgröße haben Sie? Das ist wichtig für den Bau eines Schuhschranks.
Stellen Sie diese Überlegungen bereits bei der Planung an.

Wichtige Maße

Kleiderschrank-, Garderobentiefe	55 cm bis 65 cm
Regaltiefe für Aktenordner	mindestens 30 cm
Höhe für Schreibplatten (Tischoberkante)	69 cm bis 72 cm
Höhe für Tischplatten (Tischoberkante)	69 cm bis 72 cm
Tiefe für Schuhablage	mindestens 35 cm
Höhe für Arbeitsplatte Küche	89 cm bis 92 cm
Maximale Höhe eines festen Regals oder Schranks	Diagonale der Schrank- oder Regalseitenwand + 2 cm = Raumhöhe

Funktionell und schön: das HiFi-Regal aus Porenbeton

Fachkunde: Sicherheitsregeln

Ein wichtiges Thema: Sicherheit

Tragen Sie Arbeitshandschuhe und Schutzbrille!
Gerade beim Schleifen können leicht Verletzungen an den Augen auftreten, wenn Sie keine **Schutzbrille** beim Arbeiten tragen. Achten Sie beim Kauf darauf, daß auch seitlich neben den Brillengläsern Ihr Auge durch entsprechende Vorrichtungen geschützt ist.
Arbeitshandschuhe aus Leder verhindern Verbrennungen durch Schweiß- und Schleiffunken sowie Verletzungen durch Verkanten des Winkelschleifers beim Schleifen und Trennen.

Schutzmaske tragen!
Bei längeren Schleifarbeiten von Metallen oder beim Abschleifen von alten Anstrichen sollte unbedingt eine Staubmaske getragen werden, da sich der feine Schleifstaub in den Nasenhärchen absetzt und als Folge eventuell Atembeschwerden hervorruft. Auch das Schleifen von Holz - bei tropischen Hölzern wegen des Anteils an ätherischen Ölen insbesondere - reizt die Atmungsorgane und trocknet sie aus. Sie sollten nie auf die Schutzmaske verzichten, um chronischen Atembeschwerden vorzubeugen.

Augenschutz beim Schweißen!
Beim Schweißen entsteht neben den hohen Temperaturen ein gleißendes Licht. Beim Autogenschweißen reicht das Tragen einer **Schweißbrille** aus.

Beim Einsatz eines Elektro- oder Schutzgasschweißgeräts ist ein **Schweißschirm** erforderlich, da das dabei entstehende Licht neben einer äußerst schmerzhaften Schädigung der Augen (»Verblitzen«) zu einem Sonnenbrand auf dem Gesicht führen kann. Außerdem sollten Sie auch Arbeitshandschuhe tragen.

Funkenflug

Schutzmaske

Augenschutz

Fachkunde: Sicherheitsregeln

Setzen Sie Werkzeuge und Maschinen richtig ein!
Verwenden Sie beim Bohren von Metallen einen Bohrständer mit einer Einspannvorrichtung, um das Festfressen des Bohrers zu vermeiden.

Schleifen Sie nie Metalle mit einer Trennscheibe. Dafür gibt es geeignete Schruppscheiben, die durch ihre Dicke und Materialbeschaffenheit ein Zerbersten vermeiden.
Fixieren Sie Ihre Werkstücke immer so, dass sie nicht ausbrechen können.

Vermeiden Sie scharfe Kanten sowie spitze Ecken!
Gerade bei Glas und Metallteilen ist es unbedingt notwendig, Kanten und Ecken sorgfältig zu schleifen.

Auch bei Möbelstücken aus Holz empfiehlt es sich, die Kanten und Ecken mit dem Bandschleifer zu brechen und die Oberflächen so zu schleifen, dass keine Fasern und Holzsplitter vorhanden sind, die eine Verletzung zulassen. In Kinderzimmern verringern zusätzlich angebrachte Ecken aus Kunststoff die Verletzungsgefahr.

Achten Sie beim Aufbau auf die notwendigen Sicherheitsmaßnahmen!
Überprüfen Sie vor dem Bohren von Befestigungslöchern in Wand und Boden, ob sich Strom- oder sonstige Leitungen in diesem Bereich befinden.

Stellen Sie sich nie auf wacklige Stühle. Verstellbare **Leitern** oder Stufenleitern sorgen für die notwendige **Standsicherheit**.
Verwenden Sie auf das Gewicht Ihres Möbelstücks ausgerichtete Dübel und Schrauben zur Befestigung.

Scharfe Kanten mit einem Bandschleifer brechen

Sichere Führung im Bohrständer

Materialkunde: Holz

Ein vielseitiges Material: Holz

Das im Wohnbereich für Möbel am meisten verwendete Material ist Holz. Durch seine Vielzahl von Sorten und Arten, Maserungen und Färbungen werden den Gestaltungsmöglichkeiten keine Grenzen gesetzt.

Massivholz
Holz als natürlicher Werkstoff unterliegt den Witterungseinflüssen seiner Umgebung. Durch Lichteinfall dunkelt es im Laufe der Jahre nach. Bei starken Feuchtigkeitsschwankungen verwirft oder verzieht sich Holz. So schwinden die Holzfasern bei trockener Luft der Länge nach um etwa 0,3%, in der Breite kann dagegen ein Schwund von bis zu 3% auftreten.

Wichtig ist auch, aus welchem Teil des Stammes Ihre Holzbretter geschnitten wurden. Wenn Sie auf die Stirnseite Ihrer Bretter schauen, können Sie anhand der Form und Anordnung der Jahresringe sehen, ob es sich um ein **Kernholz-** oder **Seitenbrett** handelt. Die wenigsten Verwindungen ergeben sich dabei beim Kernholz; allerdings neigt es leicht zu Rissen. Achten Sie beim Einkauf der Holzbretter unbedingt auch darauf, daß Sie möglichst wenig Bretter mit Aststellen erhalten. Bei diesem Holz verändert sich der Faserverlauf, so dass die Bretter oft im Laufe der Zeit krumm werden.

Einheimische Hölzer
Das wohl bei uns am häufigsten im Möbelbau verwendete Holz ist das der **Fichte**. Fichtenholz ist weich, in seiner Färbung weißlich bis hellgelb. Bei der Verarbeitung splittert es leicht und ist empfindlich gegenüber mechanischen Belastungen. Es dunkelt sehr stark nach.

Ökotipp
Immer noch werden auch im Möbelbereich Tropenhölzer wie Teak, Palisander oder Mahagoni verwendet. Diese Hölzer werden in den Tropenwäldern geschlagen. Durch die Ausbeutung dieser Regenwälder entstehen globale Umweltveränderungen.
Durch die heute erhältlichen umweltschonenden Lacke und Lasuren lassen sich einheimische Hölzer wie Ahorn, Kiefer oder Erle auch so einfärben, daß sie weitgehend dem Ausdruck der tropischen Holzarten entsprechen.

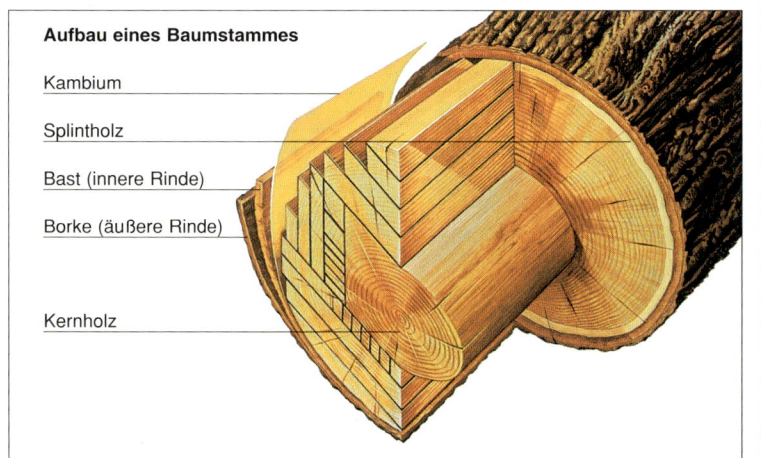

Aufbau eines Baumstammes
Kambium
Splintholz
Bast (innere Rinde)
Borke (äußere Rinde)
Kernholz

Holzschichten

Materialkunde: Holz

Kiefernholz, wie Fichte ein Nadelholz, ist von seiner Beschaffenheit her ähnlich, dagegen in seiner Färbung und Maserung kontrastreicher und etwas rötlicher.

Wesentlich härter ist das stark rötlich gefärbte **Lärchenholz**. Es dunkelt bei Sonnenlicht sehr stark nach. Durch seine dichte Holzstruktur kann es hervorragend verarbeitet werden. Selbst im Außenbereich hält es der Witterung auch unbehandelt stand.

Sehr gut zu verarbeiten ist das sehr helle **Ahornholz**. Wegen seiner Härte und Feinporigkeit ist es nicht ganz so empfindlich wie Fichtenholz.

Die **Erle** liefert ein weiches, feinporiges Holz in einer schönen mittelrotbraunen Tönung.

Oft verwendet wird auch das Holz der **Esche**. Dieses Holz ist stark gemasert; die Färbung reicht von hell bis dunkel. (Bei gleichmäßiger bräunlicher Färbung spricht man auch von der Olivesche.) Das Eschenholz ist grobporig. Daher sollte es nicht verwendet werden, wenn deckende Anstriche oder Dickschichtlasuren vor-

Fichte

Ahorn

Kiefer

Lärche

Materialkunde: Holz

Buche

Eiche

Kirsche

Nußbaum

gesehen sind, da sich Spachtelungen nicht vermeiden lassen.

Ein selbst für Arbeitsplatten im Küchenbereich geeignetes, preisgünstiges Hartholz ist die einheimische **Buche**. Die Färbung ist intensiv rötlich bis braun.

Ein traditionell hochwertiger Holzwerkstoff ist die **Eiche**. Das grobporige, in der Maserung interessante Holz ist sehr hart, gut getrocknet sehr stabil und verwindungsfrei.

Kirschholz ist rötlich mit feinen Adern, die auch leicht grünlich wirken können.

Kräftig rot und gleichmäßiger gefärbt als Kirsche ist die **Birne**.

Leicht ins Violett geht die Färbung der **Zwetschge**. Sie wird gerade wegen ihrer interessanten Färbung wieder verstärkt verwendet. Bei allen Obstbaumhölzern verstärkt sich durch Lasieren, Ölen und Lackieren der Farbeindruck.

Das sehr dunkle, braun gefärbte **Nußbaumholz** wird meist nur als Furnier verarbeitet, da es sehr teuer ist.

Materialkunde: Holzwerkstoffe

Holzwerkstoffe

Um ein Verwinden und Reißen des Werkstoffs Holz zu verhindern, bietet die Holzstoffindustrie verschiedene Verbundplatten an:

Leimholz
Massivhölzer werden in schmale Brettstreifen geschnitten und stumpf oder verzahnt miteinander zu Platten verleimt. Leimholz eignet sich sehr gut für den Bau von Schränken oder Regalen.

Sperrholz
Beim Sperrholz werden zwei dünnere Deckholzplatten mit einer Tragplatte so verleimt, daß die Maserungen über Kreuz ausgerichtet sind. Sperrholz bricht nur schwer, ist aber nicht so formstabil. Es wird für Schrankrückwände, Schubladenböden oder kleine Teile verwendet.

Tischlerplatte
Die Tischlerplatte besteht aus einem stabverleimtem Massivholzkern mit zwei dünneren Deckschichten. Die Tischlerplatte eignet sich wegen ihrer Formstabilität und Leichtigkeit sehr gut für den Möbelbau. Oft werden die Oberflächen und Kanten aus optischen Gründen noch mit einem Edelholzfurnier beklebt.

Massivholzbrett (1), Stabverleimte Platte (2), Tischlerplatte (3), Sperrholz (4), Spanplatte (5)

Multiplexplatte
Diese Platten bestehen aus mehreren, mit wasserfestem Leim verklebten Buchen- oder Birkenholzschichten, die im Wechsel quer und längs verlaufend angeordnet sind. Die Schichten ergeben ein interessantes Kantenbild.

Hartfaser-, MDF-Platte
Holzfasern werden mit Leim vermischt und zu Platten gepresst. Dadurch entsteht ein sehr formstabiler Werkstoff. Bei der MDF-Platte wird wasserfester Leim verwendet. Die Fasern werden hoch verdichtet.

Spanplatte
Bei der Spanplatte, dem billigsten Holzwerkstoff, werden Holzspäne mit Leim zusammengepresst. Spanplatten schwinden nicht und sind formstabil.

Ökotipp
Verwenden Sie nur Spanplatten der Klasse E1, bei der die Emission von Formaldehyd den Vorschriften für Wohnräume entspricht. Besser ist jedoch noch die Klasse F0; diese Bezeichnung steht für: »ohne Formaldehyd«.

Materialkunde: Metall

Metall – vielseitig einsetzbar

Regal aus Holz mit Aluprofilen

Besonderer Beliebtheit erfreuen sich in den letzten Jahren Metalle als Werkstoff für den Möbelbereich. Durch die Verformbarkeit und das große Angebot von Halbzeugprodukten ist die Verwendung sehr vielseitig.

Stahl
Der Grundstoff von Stahl, Eisen, ist nahezu unbegrenzt als Eisenerz verfügbar. Normaler Stahl rostet im Außenbereich aufgrund der Feuchtigkeit sehr schnell; er muss geschützt werden (vgl. S. 26). Durch Zusätze wie Chrom, Nickel, Vanadium wird Stahl zu Werkzeugstählen und nicht rostenden Edelstählen gehärtet. Im Innenbereich reicht die Behandlung mit Wachsen oder Ölen bereits aus, um ein Anrosten zu verhindern.

Stahl ist ebenso wie die anderen Metalle in Form von Blechen (1/10 bis 100 mm) in den verschiedensten Voll- oder Hohlprofilen erhältlich: runde, rechteckige, quadratische Querschnitte als Rohr, in L-, U-, T- oder Doppel-T-Form. Damit lassen sich hervorragend Regalgestelle zusammenschweißen oder Halterungen für Regalböden erstellen.

Materialkunde: Metall

Daneben gibt es eine Vielzahl von speziellen Profilquerschnitten, die sich beim Regalbau, z. B. als Führungsschienen, Halterungen für Holzfachböden oder Glasplatten, geschickt einsetzen lassen. Die meisten Profilhalbzeuge sind in einer Länge bis zu 6 m erhältlich.

Außerdem finden Sie im Fachhandel Bleche mit verschiedenen Riffelungen, in Wellenform oder als Lochbleche, die interessante Gestaltungsmöglichkeiten bieten.

Buntmetalle: Kupfer und Messing

Die Buntmetalle Messing und Kupfer zeichnen sich durch ihre leichte Verformbarkeit, interessante Materialfarbe und Beständigkeit auch im Freien aus. Messing ist eine Mischung aus Kupfer und Zink. Kupfer und Messing werden nicht wie Eisen geschweißt, sondern meistens hart mit besonderen Hartlötstäben oder weich mit Lötzinn gelötet. Meist werden diese Metalle als Material für Verzierungen oder Beschläge verwendet.

Zink

Zink ist besonders witterungsbeständig. Deshalb wird es auch für die Oberflächenkonservierung von Stahl verwendet. Dieser Vorgang heißt »verzinken«. Es können natürlich auch reine Zinkbleche, z. B. beim Bau eines Schuhschranks (wegen nasser Schuhsohlen oder Schnee und Salz), verwendet werden.

Aluminium

Das silbergraue Aluminium, aus Bauxit gewonnen, besticht vor allem durch das leichte Gewicht. Es läßt sich gut biegen, bricht aber bei extremen Verformungen. Aluminium läßt sich schweißen und hervorragend verkleben. Dieses Metall rostet nicht. Es wird auch eloxiert, d. h. elektrolytisch oxidiert, und in verschieden farbigen Oberflächen, unterschiedlichen Profilen und Oberflächenstrukturen im Handel angeboten.

Sicherheitstipp
Vorsicht: Wo Kupfer und Zink so eingebaut werden, daß sie sich berühren, bildet sich wie in der Batterie ein galvanisches Element, das zur Zersetzung des Zinks führt. Also: Keine verzinkten Stahlteile zusammen mit Kupfer verwenden.

Badregal mit Ablage und Rückwand aus Aluminium

Materialkunde: Glas

Licht und Transparenz mit Glas

Holzregal mit Glas kombiniert

Glas ist in den unterschiedlichsten Oberflächenstrukturen von glatt über unregelmäßig gekörnt, genoppt, längs gerippt oder mit floralen Ornamenten als **Gussglas** erhältlich. Glas kann in verschiedenen Tönen, z. B. Blau, Braun, Gelb usw., eingefärbt werden. Durch Sandstrahlen erhält man matte, milchig wirkende Oberflächen, die die Durchsicht verhindern.

Drahtglas ist durch das eingelegte Drahtgitter sehr widerstandsfähig und eignet sich sehr gut für Regalfachböden, Ablagen oder Raumteiler.

Antikglas mit seinen eingeschlossenen Luftbläschen und der unregelmäßigen Oberfläche eignet sich ebenso wie **Ornament- und Spiegelglas** als Akzent im Möbelbereich.

Äußerst bruchsicher ist das **ESG-Glas** (Einscheibensicherheitsglas), das durch ein spezielles Verfahren gehärtet wird.

Mit **Glasbausteinen**, erhältlich in verschiedenen Strukturen, läßt sich ein stabiler Raumteiler bauen, der die Räume zwar unterteilt, aber Licht durchlässt.

Materialkunde: Naturstein

Naturstein als Werkstoff für Regale

Naturstein ist ein edles, aber auch teures Material. In der Verarbeitung bedarf es einer großen Erfahrung; ebenso benötigt man geeignete Werkzeuge und entsprechende Hilfsmittel. Meist ist es besser, sich die Teile zurechtschneiden zu lassen.

Äußerst unempfindlich ist der harte **Granit**, der in den unterschiedlichsten Färbungen – von Weiß- bis zu Blau- und Schwarztönen – und Strukturen in der Natur vorkommt. Er ist resistent gegen die meisten Säuren und Laugen, sodass er gut im Bad- und Küchenbereich eingesetzt werden kann.

Neben Granit verwendet man meist noch **Marmor**. Dieser Stein wird dagegen von scharfen Reinigungsmitteln und Zitronensäure angegriffen. Er ist weicher als Granit und läßt sich einfacher bearbeiten.

Wer eine billigere Variante sucht, kann anstelle von Naturstein auch **Betonwerksteine** verwenden. Diese Betonteile, z. B. mit imitierten Granitoberflächen, sind geschliffen oder mit rauer Oberfläche in unterschiedlichen Platten-, Quader- oder Säulenformaten im Baufachhandel erhältlich.

Ein Regal aus Granit, Edelstahl und Glas

Materialkunde: Porenbeton und Gips

Porenbeton und Gips

Porenbeton besticht durch sein geringes Gewicht und die einfache Bearbeitung.

Bei der Herstellung von Porenbeton werden Sand, Zement, Kalk und Wasser unter Zusatz eines Treibgases vermischt und in Formen gegossen. Durch das Treibgas entsteht eine Vielzahl von kleinen Luftporen, wodurch der Stein seine Leichtigkeit erhält. Zuletzt wird der Stein noch mit Dampf gehärtet. Porenbeton hat den Vorteil, dass er sich mit Raspeln, Sägen, Feilen bearbeiten läßt. Trotzdem ist er sehr druckfest und für tragende und nichttragende Teile geeignet.

Porenbeton wird in einer breiten Palette von Formaten und Druckfestigkeitsklassen angeboten. Standardformate, auf die Sie Ihre Planung aufbauen sollten, um viele Sägeschnitte zu vermeiden, sind Platten mit einer Länge von 50 cm, einer Höhe von 25 cm und Dicken von 7,5/10/12,5/15/ 17,5/20/25/30/37,5 cm.

Daneben gibt es noch Spezialformate, wie sie für den Bau von Ablagen oder Regalwänden verwendet werden können: Sie haben eine Länge von 62,5 cm, eine Höhe von 25 cm und Dicken von 5/7,5/10/12,5/15/17,5/20 cm. In 75 cm Länge bei einer Höhe von 50 cm sind Porenbetonsteine noch in den Dicken 7,5/10/12,5 erhältlich, die sich besonders gut für Arbeitsplatten oder Regalböden eignen.

Für die Verarbeitung im Innen- und Außenbereich gibt es spezielle Kleber. Putz und Tiefgrund sind ebenfalls genau auf die speziellen Erfordernisse des Porenbetons abgestimmt. Porenbeton läßt sich gut mit Gips spachteln. Durch Schleifen erhalten Sie dann spiegelglatte Oberflächen.

Raumteiler, auch in geschwungenen Formen, lassen sich einfach mit **Gipskartonplatten** herstellen. Diese Platten mit Deckschichten aus Pappe und einem Gipskern werden einfach auf eine Holz- oder Metallkonstruktion (als Ständerwerkschienen im Baufachmarkt erhältlich) aufgeschraubt. Die Stöße werden mit einem durch Glasfaser verstärkten Gips verspachtelt und verschliffen, wodurch man Rissbildungen verhindern kann.

Raumteiler aus Porenbeton

Materialkunde: Kunststoffe

Kunststoffe

Ein leicht zu verarbeitender Kunststoff ist das **Plexiglas**. Es kann mit den meisten Holzbearbeitungswerkzeugen gesägt, gebohrt oder geschliffen werden. Plexiglas wird einfach mit einem speziellen Kleber verbunden. Der Kleber trocknet unsichtbar auf. Als Thermoplast lässt sich Plexiglas bei Temparaturen von etwa 200 °C, z. B. mit einem Heißluftgerät, einfach verformen. Dadurch kann man beispielsweise ungewöhnliche Wellenformen für ein Wandregal erzielen.
Der Kunststoff ist in opaken (lichtundurchlässigen) und transparenten Färbungen erhältlich.

Kunststofffolien, so genannte Dekorfolien, werden häufig als Ersatz für die teurere Furnierbeschichtung von Span- oder Tischlerplatten verwendet. Die Folien werden einfach geklebt oder aufgebügelt.

Für Arbeitsplatten oder Abdeckungen von Unterschränken und Badwaschtischen kann anstelle von Natursteinplatten auch eine unempfindliche Kunststoffplatte eingesetzt werden. Sie ist als Granit-, Marmorimitat oder einfarbig erhältlich.

Regalbau mit kunststoffbeschichteten Spanplatten

Materialkunde: Beschläge

Beschläge

Winkeleisen

Fachbodenträger zum Einbohren

Fachbodenträger zum Nageln

Griffe

Druckmagnetschnapper

Zapfenband

Unter dem Begriff Beschläge sind eine Vielzahl von Verbindungsformen, Scharnierarten, Griffen, Schubkastenführungen usw. zusammengefasst. Die Palette ist so vielfältig, dass Sie für jeden Einsatzbereich und Geschmack das Passende finden werden.

Bei der Auswahl der Beschläge sind neben der Optik wesentliche Punkte zu berücksichtigen:

- Welches Material wollen Sie einsetzen?
- Werden unterschiedliche Materialien miteinander verbunden?
- Wie dick ist das Material?
- Welche Belastung muß z.B. der Regalbodenträger aushalten?
- Wollen Sie das Möbelstück wieder zerlegen können?
- Sollen Scharniere verdeckt oder sichtbar angebracht werden?
- Welches Mauerwerk hat Ihre Wohnung? Ist dafür das ausgewählte Befestigungssystem geeignet?

Profitipp
Berücksichtigen Sie, dass durch die Wahl der Beschläge die Materialliste entsprechend abgestimmt werden muss.

Materialkunde: Türbänder

Eine wichtige Entscheidung beim Bau von Schränken und Regalen ist die richtige Wahl der Türbänder:

Zapfenband

Das Zapfenband, das man häufig bei alten Bauernschränken findet, wird oben und unten unsichtbar in die waagrechte Türkante eingelassen. Der Beschlag besteht aus einem Flacheisenstück mit einem Zapfen, der in das Gegenstück, das im Schrankkorpus angebracht wird, einklinkt. Berücksichtigen Sie bei der Wahl dieser Scharniertechnik, dass der Teil der Tür, der zwischen Zapfen und äußerer Türkante ist, sich beim Öffnen in den Schrank dreht. Fachböden müssen daher in der Tiefe passend gewählt werden, damit die Tür nicht an den Böden aneckt.

Lappenband

Die einfachste Türverbindung ist das Lappenband, Ihnen wahrscheinlich als **Klavierband** bekannt. Es ist sowohl für innenliegende als auch für außenliegende Türen verwendbar. Es läßt sich einfach aufschrauben oder aber in eine mit der Oberfräse herausgenommene Ausklinkung einlassen.

Topfbandscharniere

Meistens werden heute so genannte Topfbandscharniere verwendet. Sie erhalten diese Art ebenfalls für auf- oder einliegende Türen. Dabei wird in den Schrankkorpus mit einem Forstnerbohrer der Topf eingelassen. Schrauben fixieren das Scharnier am Korpus in der Vertikalen. Die Tür wird dann mittels Schrauben am anderen Scharnierteil befestigt. Meist lässt sich die Tür durch die Langlöcher- bzw. bei aufwendigeren Scharniervarianten durch Verstellschrauben sauber in alle Richtungen ausrichten.

Es gibt Topfbandscharniere, die durch Federn die Tür im geschlossenen Zustand an den Korpus drücken. Dadurch entfallen andere Zuhaltebeschläge wie Schloß oder Magnetschnapper.

Wenn Sie kein Topfloch bohren wollen, nehmen Sie Scharniere, die zwei Schraubplatten besitzen.

Die Größe und Anzahl der Scharniere richtet sich nach Höhe und Gewicht der Tür. Achten Sie bei der Wahl auch darauf, bis zu welchem Winkel (z. B. 90° oder 120°) Sie die Tür öffnen wollen.

Stangenscharnier

Klavier- oder Lappenband

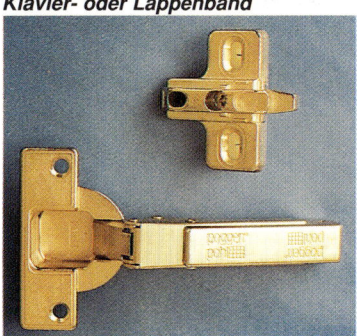

Topfbandscharnier

Materialkunde: Klebstoffe und Dichtungsmaterialien

Klebstoffe und Dichtungsmaterialien

Holzverbindung mit Weißleim

Weißleim für Holz

Für Holzverbindungen wird normalerweise der so genannte **Holz-Weißleim** verwendet. Der Leim auf Kunstharzbasis kann aufgestrichen, gerollt oder mit einer feinen Zahnspachtel flächig einseitig aufgetragen werden. Offenporige Hölzer oder die Stirnseiten von Spanplatten müssen Sie etwas satter einstreichen, da der Leim in die Vertiefungen hineingepresst wird. Er zieht innerhalb von 15 Minuten an, je nach Lufttemperatur. In dieser Zeit können Sie die Werkstücke anpassen. Da die Härtezeit etwa 1 Stunde dauert, müssen Sie die Werkstücke mit Schraubzwingen oder in der Hobelbank zusammenpressen. Die vollständige Aushärtung von Weißleim dauert ungefähr 10 Stunden. Während dieser Zeit sollten sie die zusammengeleimten Teile keiner größeren Belastung aussetzen.

Der Leim trocknet nach dem Aushärten transparent auf. Wird der Leim mit Wasser verdünnt, wird er nach dem Härten milchig! Überreste können mit dem Stemmeisen vorsichtig abgenommen oder geschliffen werden.

Bei kleinen Werkstücken können Sie auch den **Express-Weißleim** verwenden, der bereits in einigen Minuten anzieht. Bei größeren Holzstücken besteht allerdings die Gefahr, daß Teilstellen bereits angezogen haben, bevor Sie die Teile zusammenpressen. Nehmen Sie lieber längere **Trockenzeiten** dabei in Kauf. Muss die Verbindung wasserfest sein, besorgen Sie sich Weißleim nach der Norm B 3.

Daneben wird noch der **Polyurethanleim** (PU-Leim) verwendet. Er ist vor allem dann einzusetzen, wenn beschichtete, lackierte oder bereits mit altem Leim durchdrungene Holzteile miteinander verklebt werden sollen, da der Weißleim auf solchen Partien nicht mehr hält.

Profitipp

Besorgen Sie sich vor der Verwendung von Polyurethanleimen oder -schäumen Aceton, damit Sie sofort die noch feuchten Überreste des Klebers vom Werkstück entfernen können. Nach dem Trocknen lassen sich diese nur schwer entfernen. Bei kleineren Ausbesserungsstellen reicht ein Nagellackentferner.

Materialkunde: Klebstoffe und Dichtungsmaterialien

Universalkleber
Polyurethan ist auch als Schaum in Dosen erhältlich. Mit diesem Klebstoff lassen sich unterschiedliche Materialien miteinander verbinden. Dieser Einkomponenten-Klebstoff erhöht während des Aushärtens sein Volumen um ein Vielfaches und eignet sich daher zum Überbrücken von Hohlstellen. Er ist formstabil und kann einfach gesägt, geschnitten, geschliffen und überstrichen werden.

> **Sicherheitstipp**
> Vermeiden Sie direkten Hautkontakt mit Klebstoffen wie Polyurethan, Polystyrol- oder Sekundenkleber, um Schädigungen der Haut zu vermeiden.

Vielen bekannt sind **Sekundenkleber** mit ihrer sehr kurzen Abbindezeit. Wichtig ist bei Verwendung dieses Klebstoffs, dass die beiden Teile sehr paßgenau sind, um eine ausreichende Haftung zu erreichen.

Thermische Klebstoffe
Diese Klebstoffe werden durch Hitzezufuhr z. B. über eine **Heißklebepistole** verflüssigt. Dadurch lassen sich viele Materialien auch an unzugänglichen Stellen dauerhaft verkleben.
Daneben gibt es im Fachhandel eine Vielzahl von Spezialklebern für jeweils unterschiedliche Materialien. Lassen Sie sich beraten, um den richtigen Klebstoff für die gewünschte Belastung Ihres Möbelstücks zu erhalten.

Kontaktklebstoffe
Bei den Kontaktklebstoffen werden beide Seiten der zu verbindenden Werkstücke eingestrichen. Der Klebstoff muß angetrocknet sein, bevor Sie beide Teile zusammenpressen. Dabei ist nicht die Dauer der Pressung, sondern der aufgewandte Druck für die Haftung entscheidend.

Zweikomponenten-Klebstoffe
Diese Klebstoffe, z. B. Epoxidharzkleber, bestehen aus einem Härter und einem Kleber, die in einem angegeben Verhältnis miteinander angerührt werden. Sie zeichnen sich durch vielfältige Einsatzmöglichkeiten bei unterschiedlichen Materialien aus.

Silikon- und Acrylatkleb- und -dichtstoffe
Silikon wird meist zum Abdichten von Fugen verwendet. In Kartuschen abgefüllt, lässt es sich einfach mit der Spritzpistole aufbringen. Silikon ist unempfindlich gegen Kälte sowie Hitze und haftet auf nahezu allen Materialien. Der Werkstoff ist elastisch und überbrückt eine maximale Dauerdehnung von 25% der Strangbreite, ohne dass der Strang an der Fugenflanke abreißt. Der Werkstoff ist in vielen Farben erhältlich. Beachten Sie, dass Silikon nicht überstreichbar ist.

Weniger elastisch (etwa bis zu 10% der Strangbreite), aber ebenso dauerhaft und witterungsbeständig sind Acryldispersionsstoffe. Im Gegensatz zu Silikon lassen sich Acrylate problemlos z. B. mit Dispersionsfarben oder Acryllacken überstreichen. In Verbindung mit Natursteinen können auf dem Stein Verfärbungen auftreten. Hier ist die Verwendung von Silikon vorzuziehen.

> **Ökotipp**
> Entsorgen Sie Behältnisse und Materialreste von Kleb- und Dichtstoffen nicht über den Hausmüll. In fast allen Städten gibt es spezielle Sammelstellen für diesen Sondermüll.

Materialkunde: Materialien zur Oberflächenbehandlung

Lasuren, Lacke, Beizen ...

Holzlasuren

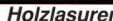

Acryl-Seidenglanzlack

Wachsen

Lasieren

Nicht vorbehandelte Hölzer können vor dem Zusammenbau mit einer **Holzlasur** geschützt werden. Verschiedene Farbtöne, auch Edelholzimitationen wie Palisander, Teak u.a., sind bereits fertig im Handel erhältlich. Aus einer farblosen Lasur, der etwa 10 bis 15% eines geeigneten Farblacks hinzugegeben wird, können Sie aber auch eine Vielzahl von Farbtönen selbst mischen. Lasuren schließen die Holzoberfläche nicht ab, sondern lassen die Feuchtigkeitsregulierung des Holzes zu. Die Holzmaserung und damit der Materialcharakter bleiben erhalten. Unbehandeltes Holz sollte mindestens zweimal mit einer Lasurschicht versehen werden. Im Außenbereich empfiehlt sich eine Auffrischung ungefähr alle zwei Jahre. Diese verhindert, dass das Holz verwittert.

Beizen

Wie bei der Lasur bleibt beim Beizen die Holzstruktur sichtbar. Der Unterschied besteht darin, dass die **Holzbeize**, als Wachsbeize oder wasser- und spirituslösliche Beize im Handel erhältlich, tiefer in das Holz eindringt und es gewissermaßen durchtränkt.

Lackieren

Falls eine geschlossene Schutzschicht erwünscht ist, können Sie die Hölzer auch mit einer Lackschicht versehen. Eventuell vorhandene raue Stellen müssen mit einem Schleifpapier nachgeschliffen werden. Poren und Risse sind vor dem Streichen mit einem Porenfüller zu schließen. Überstände müssen abgeschliffen werden. Je glatter Sie die Oberfläche vorbereiten, desto befriedigender wird anschließend das Lackierergebnis.

Neben **Kunstharzlacken** auf Lösungsmittelbasis eignen sich **Acryllacke** auf Wasserbasis. Diese Farben werden mit Wasser verdünnt und Pinsel, Farbroller und -schalen mit Wasser gereinigt. Acrylfarben sind je nach Hersteller nach 20 Minuten staubtrocken und können nach einigen Stunden überstrichen werden. Als Grundierung kann die Acrylfarbe selbst benutzt oder mit einem Universalgrund vorgestrichen werden.

Bei **Stahl** wird die rost- und fettfreie Oberfläche zuerst mit einem **Rostschutzgrund** gestrichen. Danach können verschiedene Lacke wie Acryl- oder Kunstharz-

Materialkunde: Materialien zur Oberflächenbehandlung

lacke aufgetragen werden. Eine schöne Oberflächenstruktur ergeben auch so genannte **Eisenglimmer** oder **Hammerschlaglacke**. Bei Teilen, die durch die Befeuerung erhitzt werden, müssen hitzebeständige Lacke verwendet werden. Diese können Sie über Ofenfachgeschäfte beziehen.

Wachsen, Ölen

Eine umweltfreundliche Methode des **Holzschutzes**, die regelmäßige Nachbehandlung erfordert, ist das Wachsen oder Ölen, z. B. mit **Teak-** oder **Leinöl**. Verwenden Sie lösungsmittelarme Wachse! Die Holzoberfläche sollte möglichst glatt sein. Das Wachs wird mit Lappen oder Pinsel aufgetragen. Nach dem Antrocknen nimmt man das überschüssige Wachs mit einem fusselfreien Tuch ab. Alle Holzteile, die mit Nahrungsmitteln in Verbindung kommen, z. B. Ablageflächen im Küchenbereich, behandeln Sie besser mit geruchlosem, gesundheitsverträglichen naturbelassenen Olivenöl.

Ebenso umweltfreundlich kann Stahl mit Leinöl behandelt werden. Das Auftragen des Öls auf die saubere, fettfreie Oberfläche erhält den Charakter des Stahls. Diese Behandlung kann auch in Hitzebereichen erfolgen, da sich das Leinöl einbrennt und eine mattschwärzliche Färbung ergibt. Vorteile des Leinöls sind seine gute Haftung auf allen Untergründen, seine hohe Kälte- und Wärmebeständigkeit sowie seine Dauerelastizität.

Falls nach einiger Zeit leichter Flugrostansatz sichtbar wird, kann dieser einfach mit Stahlwolle entfernt und der Stahl mit einem sauberen Lappen erneut eingeölt werden.

Verzinken, Verchromen, Vernickeln

Falls Sie eine metallene Obefläche Ihrer Stahlteile wünschen, können Sie diese nach dem Zusammenschweißen in einer Galvanisieranstalt verzinken oder mit Chrom bzw. Nickel überziehen lassen.

Ökotipp
Verwenden Sie umweltfreundliche Lacke wie Acryllacke, die Sie in unterschiedlichen Farben für die meisten Einsatzbereiche im Fachhandel erhalten. Achten Sie auf eine ordnungsgemäße Entsorgung von Restlacken!

Patinieren von Kupfer

Kupfer, blank mit einer leuchtend roten Färbung, bildet im Freien eine braun-grünliche Oxidschutzschicht. Diese kann man auch aus in warmem Wasser gelöster »Schwefelleber«, in Apotheken erhältlich, chemisch erzeugen. Ein würfelzuckergroßes Stück auf 1 Liter Wasser reicht für etwa 1 qm Oberfläche. Das gereinigte Blechteil wird mit Wasser abgespritzt. Dann trägt man mit Stahlwolle die Lösung auf, bis eine gleichmäßige Färbung entsteht. Mit Wasser werden anschließend die Reste abgespritzt. Ist die Färbung zu dunkel, kann man das Blech mit einer feinen Stahlwolle im nassen Zustand aufhellen; danach abspritzen und mit einem Lappen abtrocknen.

Kupfer patinieren

Ideen und Anregungen für Regale und Raumteiler

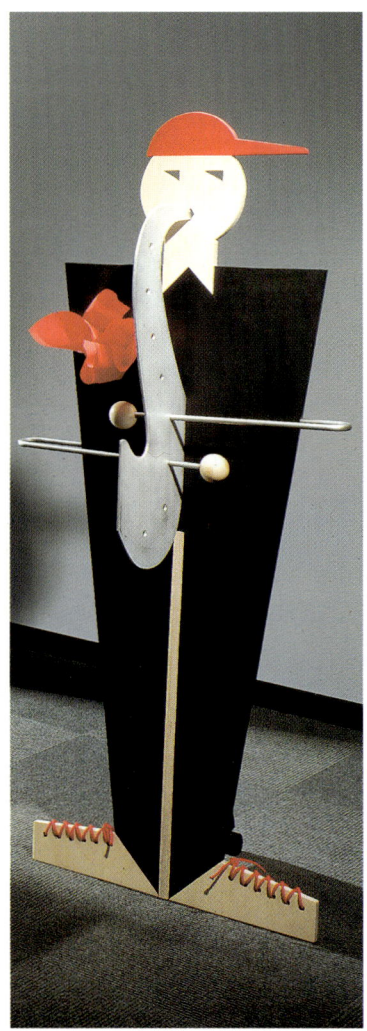

Pfiffiger Kleiderständer

Eckanbauwand nutzt den letzten Winkel

Raumteiler aus Porenbeton

Bescheid wissen und Geld sparen beim Hausbau

Der Bauherr –
das Magazin für Massivbau und Fertighaus.

Mit den topaktuellen Informationen über

- Baufinanzierung
- Energie sparen
- Einrichtung
- Innenausbau
- Messeneuheiten
- Rechtsfragen

96 Seiten alle zwei Monate Nur 3,50 € bei Ihrem Zeitschriftenhändler

Fordern Sie gleich Ihr kostenloses Schnupperexemplar an:

Compact Verlag GmbH
Züricher Straße 29
81476 München
Telefon: 0 89 / 74 51 61-0
Telefax: 0 89 / 75 60 95
www.derbauherr.de

Alles, was der Bauherr wissen muss – von der Planung bis zum Einzug!

Werkzeugkunde

Die wichtigsten Werkzeuge

Auf diesen beiden Seiten finden Sie Kurzbeschreibungen der wichtigsten Werkzeuge, die Sie zum Bau von Regalen, Schränken und Raumteilern benötigen. Welche Werkzeuge Sie für die einzelnen Arbeitsgänge und -anleitungen brauchen, ersehen Sie aus den Abbildungen unter der Rubrik »Werkzeug«, die im Kasten bei den jeweiligen Arbeitsanleitungen stehen.

Werkzeuge zum Messen und Richten

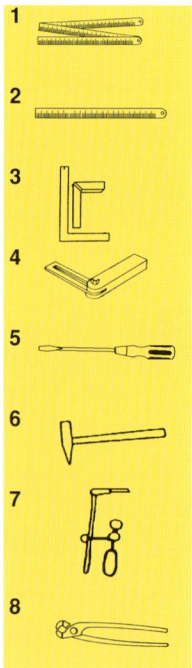

1 **Zollstock:** Ein Universalwerkzeug, das in keinem Haushalt fehlen sollte.

2 **Lineal:** Zum Zeichnen von Skizzen und Schablonen ein wichtiges Werkzeug.

3 **Winkelmaß:** Zum Prüfen von rechten Winkeln sowie zum rechtwinkligen Anzeichnen.

4 **Schmiege:** Hiermit können sie beliebige Winkel exakt abnehmen und passgenau übertragen.

5 **Schraubenzieher:** Ein Universalwerkzeug, in verschiedenen Größen für jeden Heimwerker.

6 **Hammer:** Auch er gehört zur Grundausstattung eines jeden Heimwerkers.

7 **Schraubenzwinge:** Ein unerlässliches Werkzeug zum Einspannen geklebter und verleimter Werkstücke.

8 **Beißzange:** Sie eignet sich zum Ziehen von Nägeln und zum Durchtrennen von Drähten.

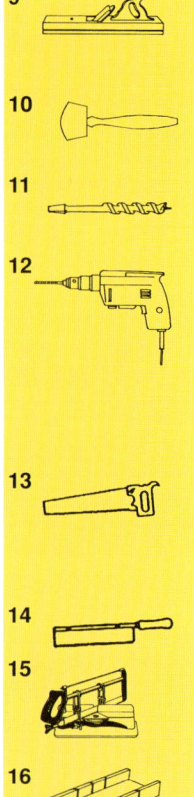

9 **Hobel:** Vielfach verwendbar, sei es zum Ablängen von Brettern oder zum Abschrägen von Tropfkanten.

10 **Klüpfel:** Diesen Holzhammer benutzen Sie beim Ausstemmen von Nuten, Zinken usw.

11 **Holzbohrer:** Spezialbohrer mit Zentrierspitze zum Bohren in Holz aller Arten geeignet.

12 **Elektrobohrmaschine:** Geeignet zum Bohren in verschiedenen Materialien. Moderne leistungsfähige Maschinen sind mit Rechts- und Linkslauf ausgestattet und verfügen über eine stufenlose Regelungsautomatik.

13 **Fuchsschwanz:** Diese Säge eignet sich zum Ablängen aller Arten von Holz. Bei feiner Zahnung können auch Profilbretter abgesägt werden.

14 **Feinsäge:** Eignet sich zum Sägen von Leisten und Latten.

15 **Gestellsäge:** Um beim Sägen Winkel exakt einhalten zu können, sind feststellbare Gehrungssägen recht nützlich.

16 **Gehrungslade:** Besonders gut geeignet zum Sägen von Winkeln mit 45 und 90 Grad.

Spezialwerkzeug

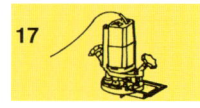

17 **Oberfräse:** Zum Fräsen von Nuten (z.B. in Sperrholzplatten). Mit Nut und Falz lassen sich

Werkzeugkunde

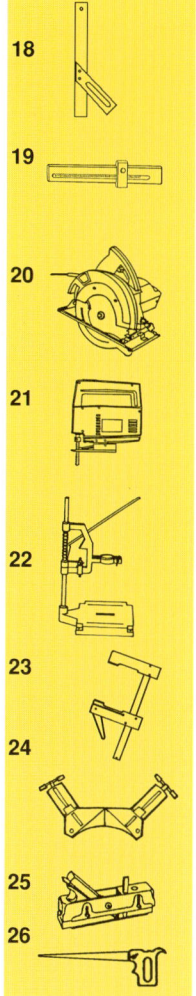

haltbare Holzverbindungen herstellen.

18 Gehrungswinkel: Zum Anreißen des 45-Grad-Winkels – besonders bei Bilderrahmen u.ä. nützlich.

19 Streichmaß: Sie benötigen das Streichmaß, um Abstände und vorgegebene Maße auf Holz anzuzeichnen. Das Streichmaß ist gut geeignet, um zur Holzkante parallele Linien zu ziehen.

20 Handkreissäge: Geeignet zum Ablängen und Besäumen von Brettern.

21 Stichsäge: Elektrische Stichsägen (Pendelstichsägen) haben sich zum Ausschneiden von Löchern, zum Ablängen von Brettern und vielen vergleichbaren Arbeiten gut bewährt.

22 Bohrständer: Zusatzgerät zur Elektrobohrmaschine, um passgenaue Bohrungen vornehmen zu können.

23 Holzzwingen: Sehr hilfreich, besonders bei kleineren Ausbesserungsarbeiten.

24 Gehrungsklammern: Die Gehrungsklammern sind ein unerlässliches Hilfsmittel, um Rahmenteile im 90-Grad-Winkel beim Verleimen zu fixieren.

25 Grathobel: Nur zum Hobeln von Gratleisten geeignet.

26 Lochsäge: Zum Ausschneiden von Löchern in Brettern und Platten bestens geeignet.

Weitere wichtige Werkzeuge

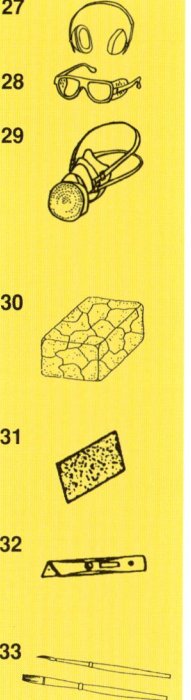

27 Gehörschutz: Schützen Sie Ihre Ohren vor übermäßigem Lärm.

28 Schutzbrille: Die Schutzbrille ist unerlässlich bei Schleifarbeiten.

29 Atemschutzmaske: Besonders bei Lackierarbeiten in geschlossenen Räumen benötigen Sie die Atemschutzmaske. Eine einfachere Ausführung, z. B. ein weißes Tuch, genügt bei Schleifarbeiten.

30 Schleifklotz: Er ist meistens aus Kork oder einem ähnlich elastischen Material. Durch diese Nachgiebigkeit schmiegt er sich auch in runde Holzformen.

31 Schleifpapier: Gibt es in verschiedenen Körnungen zur Oberflächenbehandlung von Holz.

32 Teppichbodenmesser: Erforderlich ist ein Teppichboden- bzw. Cuttermesser für das Ausschneiden von Umleimern etc.

33 Pinsel: Mit Pinseln tragen Sie Lackierungen oder Beizen auf Holzteile auf.

Grundkurs: Holzverbindungen

Holz fachgerecht verbinden

Die einfachste Art der Holzverbindung ist das **Nageln**. Hier einige Grundregeln, die das Nageln erleichtern:
- Stauchen Sie die Nagelspitze mit dem Hammer an, um ein Spalten des Holzes zu verhindern.
- Wenn Sie zwei oder mehr Nägel leicht schräg angesetzt einschlagen, lockern sich die Nägel bei Belastung nicht.
- Schlagen Sie das letzte Stück des Nagels mit einem Versenker ein, um Hammerschlagspuren auf dem Holz zu vermeiden.

Für Holz werden in der Regel zwei verschiedene **Schraubenarten** verwendet. Die Holzschraube, die sich nach unten hin verjüngt und im oberen Bereich kein Gewinde mehr hat, ist in verschiedenen Kopfformen mit einem Schraubschlitz erhältlich:
- Rundkopf
- Senkkopf
- Linsenkopf

Daneben können speziell für Faser- oder Spanplatten so genannte Spanplatten- oder **Spaxschrauben** verwendet werden. Diese Schrauben haben eine gleichmäßige Dicke im Gewindebereich und einen flachen Senkkopf mit Kreuzschlitzen.

Tips zum Schrauben:
- Verwenden Sie die richtige Stärke und Länge der Schrauben. Zu dicke Schrauben können zum Ausreißen des Holzes führen.
- Bei harten Hölzern ist es hilfreich vorzubohren, wobei der Bohrer etwa 0,5 bis 1 mm kleiner sein soll als die Schraubendicke. Etwas Seife auf dem Schraubengewinde macht die Schraube leichtgängiger.
- Wenn Sie eine Bohrmaschine zum Schrauben verwenden, passen Sie auf, dass die Schraube nicht zu tief ins Holz gedreht wird. Die letzten Umdrehungen sollten Sie mit dem Schraubenzieher manuell vollziehen.
- Wenn Sie die Schraube versenken wollen, verhindern Sie das Eindrücken des Holzes, indem Sie mit einem Ausreiber eine trichterförmige Vertiefung in das Holz machen.
- Setzen Sie die Schrauben senkrecht an, damit nicht der Schraubenkopf an einer Seite übersteht.

Professionelle Holzverbindungen sind Überblattungen, Zapfen-, Feder- sowie verschiedene Dübelverbindungen:

1 **Überblattungen** können als Eck- oder Kreuzverbindung angelegt werden. Für die Ausklinkung bei der **Eckverbindung** sägen Sie mit der Feinsäge oder einem Fuchsschwanz den Balken bis zur Hälfte ein. Die Ausklinkung muss in der Breite genau der Dicke des zweiten Balkens entsprechen. Mit dem Stechbeitel tragen Sie den angesägten Abschnitt Schicht für Schicht von der Stirnholzseite her ab. Beim Gegenstück wiederholen Sie den Vorgang. Für eine **Kreuzverbindung** benötigen Sie zwei Sägeschnitte im Abstand der Holzbreite (die Tiefe der Ausklinkung entspricht der halben Holzstärke). Den Zwischenraum tragen Sie von außen mit dem Stechbeitel schichtweise ab.

2 **Dübelverbindungen** können sichtbar oder verdeckt angelegt werden. Bei der **sichtbaren Verbindung** legen Sie die beiden zu verbindenden Hölzer passgenau aneinander und fixieren sie mit Schraubzwingen. Anschließend bohren Sie mit einem Holzbohrer, dessen Durchmesser dem ver-

Grundkurs: Holzverbindungen

wendeten Holzdübel entspricht, durch das querliegende Holzstück in die Stirnholzseite des anderen. Verleimen Sie diese Verbindung und schlagen Sie den Dübelstab anschließend ein.

3–4 Zapfenverbindungen können ebenfalls sichtbar oder verdeckt ausgeführt werden. Bei Mittelstreben wird das Zapfloch so breit wie das einzuzapfende Holzstück mit dem Stechbeitel ausgehoben (die Breite soll 1/3 der Holzstärke betragen, die Tiefe variiert je nach Belastung des Zapfens). Für den Zapfen sägen Sie den Balken beidseitig ein und heben links und rechts Material ab. Das Zapfloch soll etwas tiefer als der Zapfen sein, da Holz quellen kann. Bei der **Eckverbindung** wird das Holz für den Zapfen auf allen vier Seiten eingesägt. Entsprechend wird das Zapfloch ausgehoben.

Eine sehr schnelle und billige Lösung der Holzverbindung ist das Verschrauben mit **Stahlwinkeln** und **-blechen**. Sie sind meist verzinkt oder einbrennlackiert. In Baumärkten finden Sie eine breite Palette an verschiedenen Größen und Formen.

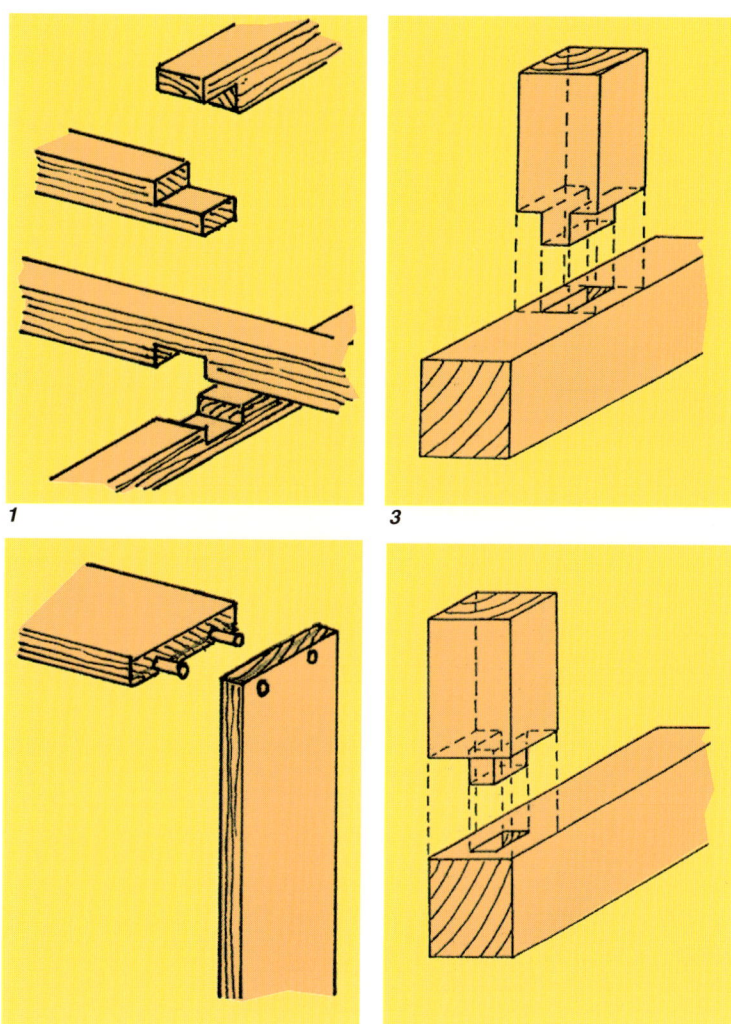

Grundkurs: Holzverbindungen

5

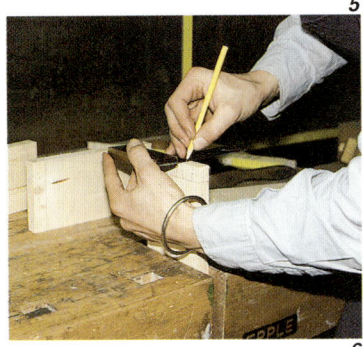

6

7

8

5 Falls Sie eine Oberfräse besitzen, läßt sich sehr einfach eine Verbindung mit **Nut** und **Feder** herstellen. Unsichtbar ist diese Holzverbindung, wenn die Nut nicht bis an die Kanten der Werkstücke läuft. Die Verbindung wird dann über einen Holzstreifen, Feder genannt, der in die Nuten eingeleimt wird, bewerkstelligt (vgl. Seite 35).

Eine spezielle Verbindung ist die Verwendung von Lamellos (Flachholzdübel), die in kreissegmentförmige Nuten eingeleimt werden. Dazu benötigen Sie eine Schlitzfräse. Der Vorteil bei dieser Methode ist, dass Sie die Werkstücke anpassen können.

6 Sehr zugstabil, z. B. für Schubläden, ist die **Zinkenverbindung**.

7–8 Als erstes zeichnen Sie sich die Holzdicke eines Werkstücks auf dem anderen Brett an. Nun reißen Sie sich die Parallele der zur Längskante laufenden Zinken an. Mit der Säge schneiden Sie die Zinken von der Stirnholzseite bis zur angezeichneten Bretttiefe ein. Anschließend nehmen Sie den Zwischenraum zwischen den Schnitten mit dem Stemmeisen heraus, sodass abwechselnd Holz und Zwischenraum bleibt.
Nun zeichnen Sie sich die herausgenommenen Zwischenräume auf dem anderen Brett vor. Markieren Sie sich, welche Teile herausgenommen werden müssen. Dann gehen Sie ebenso vor wie beim ersten Brett.

Sind alle Bretter mit den Zinken ausgestattet, werden sie mit Leim versehen, ineinandergeklopft und mit Schraubzwingen bis zum Aushärten fixiert.

Die **Schwalbenschwanz-Zinkenverbindung**, bei der die Schnitte jeweils schräg verlaufen, ist noch stabiler, aber für Nichtgeübte sehr schwer herzustellen. Durch den Einsatz der modernen Leime reicht eine einfache Verzinkung in der Regel aus.

Grundkurs: Nuten und Fräsen

Nuten und Fräsen

1 Zum **Fräsen** von Nuten benötigen Sie ein elektrisches Werkzeug mit einer hohen Drehzahl. Die **Fräsbohrer** haben einen kleinen Durchmesser, der einen starken Antrieb verlangt. Es gibt **Bohrmaschinen** mit einem zweiten Antrieb, an dem eine spezielle Fräsvorrichtung angebracht werden kann. Wenn Sie vorhaben, mehr zu handwerken, lohnt sich vielleicht die Anschaffung einer **Oberfräse**. Für eine Fräse und verschiedene Bohrer müssen Sie zwischen 250 und 300 Euro veranschlagen. Eine Oberfräse kann zum **Falzen, Nuten, Profilieren, Gravieren, Bündigfräsen, Aussparen** und **Abrunden** benutzt werden. Mit den verschiedenen Bohrern können Sie **Holz, Metall, Kunststoff, Acryl, Gipskartonplatten** und vieles mehr schneiden. Durch die hohe Schnittgeschwindigkeit entstehen am Werkzeug und am Material hohe Temperaturen. Fräsen Sie deshalb zügig, ohne den **Vorschub** zu erhöhen. Arbeiten Sie mit zu großem Vorschub oder verweilen Sie mit der Fräse zu lange an einer Stelle, entstehen im Holz Brandflecken. Am besten, Sie üben das Fräsen von Nuten an einem alten Holzteil, bevor Sie an dem Original arbeiten.

Bevor Sie die Oberfräse ansetzen, zeichnen Sie mit einem Bleistift die **Fräslinie** an. Das zu bearbeitende Holz muss unbedingt fest verschraubt werden. Am besten, Sie spannen es in eine Werkbank ein. Falls Sie keine besitzen, können Sie sich auch mit Klemmzwingen behelfen. Um Druckstellen zu verhindern, legen Sie kleine Holzplättchen zwischen Schraube und Werkstück. Mit einem **Parallelanschlag, Frästiefenregulierung** und **Fräsbreitenskala** gelingen Ihnen auch als noch nicht so versiertem Handwerker exakte Nuten.

1

Grundkurs: Metalle verbinden

Schweißen und Nieten

1

2

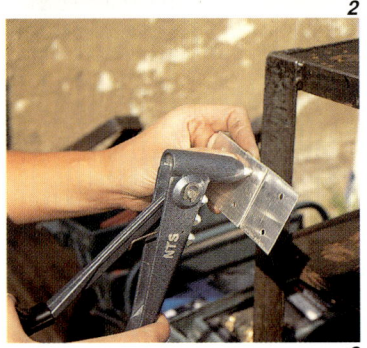

3

Nieten
Die gebräuchlichste Art der Metallverbindung ist das Verschrauben der einzelnen Teile. Das Nieten, eine sehr alte Technik, lässt sich heute leicht und schnell mit einer Blindnietzange bewerkstelligen:

In Baumärkten werden meist komplette Blindnietsätze angeboten. Sie bestehen aus einem passenden Stahlbohrer, Blindnieten in verschiedenen Längen und Durchmessern aus Aluminium, Kupfer oder Stahl und der Blindnietzange mit verschiedenen Einsätzen zur Aufnahme der unterschiedlich dicken Blindnieten.

1 Zuerst werden die beiden Blechteile, die miteinander verbunden werden sollen, an den angezeichneten Stellen gemeinsam durchbohrt. Der Bohrer hat einen 2/10 mm größeren Durchmesser als die verwendeten Nieten.

2 Die Enden werden von der Rückseite her durch die beiden Bleche geschoben. Der Stahlstift steht nach vorne durch. Die Niete soll etwa 2 bis 3 mm über die Bleche hinaus stehen.

3 Führen Sie den Stahlstift in die Nietzange ein. Beim Zusammendrücken der Zange quetschen Sie die Niethülse zu einem Kopf zusammen, bis der Stahldorn bei genügendem Pressdruck abbricht.

Schweißen
Zum Schweißen von Metallen werden meist drei verschiedene Verfahren angewandt: Autogen-, Elektro-, Schutzgasschweißen.

4 Beim **Autogenschweißen** wird die Hitze durch ein Gas-Sauerstoff-Gemisch erzeugt. Mit einem per Hand zugeführten Schweißdraht werden die Teile miteinander verbunden. Mit Übung erhält man auch bei dünnen Blechen sehr saubere Schweißnähte. Ein Nachteil dieses Verfahrens ist, dass sich das Material in der Umgebung der Schweißstelle flächig erhitzt und verzieht. Daher müssen Winkel und Ausrichtung immer wieder kontrolliert werden.

5 –7 Für dickere Stahlprofile und -bleche eignet sich ein Elektroschweißgerät. Mit Licht- oder Starkstrom, in der Leistung einstellbar, wird die ummantelte Elektrode gezündet, die Teile glühend erhitzt und mit dem sich verflüssi-

Grundkurs: Metalle verbinden

genden Eisenkern der Elektrode verschweißt. Dabei müssen die Teile mit dem Massekabel des Schweißgeräts leitend verbunden werden. Der Elektrodenmantel sorgt für oxidationsfreien Fluss des Schweißmittels. Dieses Flussmittel verkrustet auf der Schweißnaht und muss mit einem so genannten Schlackenhammer abgeklopft werden.

8 Beim **Schutzgasschweißen** wird die Oxidation durch ein am Schweißpistolenkopf austretendes Gas verhindert. Durch einen regelbaren Vorschub wird der Schweißdraht automatisch nachgeführt. Neben Stahl kann bei Verwendung entsprechender Schweißdrähte, Gase und Pistolen, auch Edelstahl und Aluminium verschweißt werden.

9 Die Schweißnaht ist schlackenfrei, sie wird nur noch verschliffen.

> ### Sicherheitstipp
> Tragen Sie beim Schweißen immer den richtigen Augenschutz. Ansonsten kann es durch Funken zu Verletzungen oder durch die entstehenden Lichtblitze zu starken Reizungen des Auges kommen.

4

7

5

8

6

9

Grundkurs: Glas schneiden

Glas richtig schneiden

Beim Glas schneiden wird zuerst mit dem Metallrädchen des Glasschneiders die Oberfläche des Glases angeritzt. Sehr wichtig ist eine plane, nicht zu harte Unterlage (z.B. Pappkarton), damit das Glas keinen Spannungen ausgesetzt ist.

1 Als Erstes markieren Sie sich mit einem Stift den Schnittverlauf. Danach legen Sie das Lineal so auf die Platte, dass das Glasschneiderädchen auf der Markierungslinie liegt. Der Glasschneider muss senkrecht am Lineal gehalten werden. Leicht zu Ihnen hingeneigt ziehen Sie dann das Werkzeug am Lineal entlang. Auf der Glasplatte muss sich eine durchgehende Ritzlinie von einer Glaskante zur anderen abzeichnen.

2 Vor dem Brechen der Glasscheibe können Sie vorsichtig von der Gegenseite, entlang der geritzten Linie, mit dem Glasschneider klopfen. Dadurch vertieft sich der Ritz nach unten. Anschließend brechen Sie die Platte über einer Tischkante ab. Falls Sie nicht gleichmäßig gearbeitet haben, können kleine Überstände an der Kante auftreten, die Sie vorsichtig durch die Aussparungen am Glasschneider oder mit einer Flachzange abnehmen können.

3 In gleicher Weise werden schmale Glasstreifen von der Platte weggenommen. Nachdem Sie das Glas angeritzt haben, setzen Sie die passende Aussparung am Glasschneider an die parallel zur Ritzlinie liegende Glaskante. Durch eine Hebelbewegung nach unten brechen Sie Stück für Stück ab.

Für **Kurvenschnitte** gibt es einen so genannten Rundschneider, eine Maßschiene mit einem Gummisaugkopf am einen und einem verstellbaren Glasschneider am anderen Ende. Sie können sich aber auch behelfen, indem Sie eine geeignete Schablone benutzen. Nachdem Sie die runde Form in das Glas eingeritzt haben, müssen Sie Hilfsschnitte vom Kurvenverlauf weg zu den Glasaußenkanten anlegen, damit Sie das Glas in der gewünschten Form brechen können.
Problematisch sind dabei Innenradien, da die überstehenden Glasteile gelegentlich mit abbrechen. Versuchen Sie es lieber am Anfang mit einfacheren Formen.

Grundkurs: Porenbeton schneiden

Porenbeton bearbeiten

1 Porenbeton werden Sie nach einmaliger Verwendung als sehr unkomplizierten Werkstoff schätzen. Zeichnen Sie als Erstes mit einem Bleistift das gewünschte Maß an. Dann legen Sie einen Winkel sowohl an der Breit- als auch an der Schmalseite des Steins an und verlängern Ihren Maßpunkt, um einen exakten Schnittverlauf zu erhalten. Mit einem Fuchsschwanz oder der Porenbetonsäge schneiden Sie den Stein durch. Unebenheiten lassen sich einfach mit einer Holzraspel oder einem auf ein Brett gespannten rauen Schleifpapier entfernen.

1

2 Falls Sie einen Kurvenverlauf, z. B. als Regal- oder Raumteilerabschluss planen, legen Sie einfach einige Steine hintereinander auf den Boden und zeichnen den Verlauf an. Für symmetrische Formen wie Bögen fertigen Sie sich am besten eine Schablone von der Hälfte des Bogens. Für den zweiten Teil drehen Sie die Schablone einfach um.
Leicht lassen sich aus Porenbeton auch Verzierungen wie Profile oder Tierformen herausarbeiten, ein individueller Akzent für Ihr Regal oder Ihren Raumteiler.

2

Arbeitsanleitung: Regal aus Leimholz und Aluminium

Regal aus Leimholz und Aluminium

Arbeitsanleitung: Regal aus Leimholz und Aluminium

Material
Vierkantrohr/Aluminium, Holzleiste, Leimholzplatten, Holz- und Deckwachs, 4 Seilspanner, 4 Seilklemmen, 4 Gewindehaken, 8 Gewindestangen, 12 Hutmuttern M4, Holzschrauben, Stahlseil.

Werkzeug

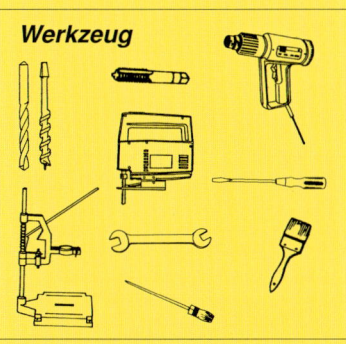

Schwierigkeitsgrad

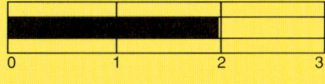

Kraftaufwand

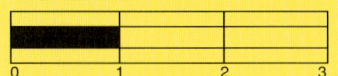

Arbeitszeit
Hierfür benötigen Sie etwa 14 Stunden.

Ersparnis
Durch Eigenleistung können Sie rund 400 € einsparen.

Gerade heute ist es modern, sich nicht mehr die großen schweren Schrankwände in die Wohnung zu stellen. Mit leicht wirkenden Einzelstücken ausgestattet, erhalten die Wohnräume wesentlich mehr Offenheit.

Im Design dieser neuen Wohnart ist auch das links abgebildete Regal aus Leimholz, Aluminium und Stahlseilen. Maße und Schräge lassen sich einfach auch auf Ihre räumlichen Gegebenheiten abstimmen (zur Planung und zu den Maßen vgl. Seite 6ff.).

Fertigen Sie als Erstes Ihre Maßskizze an, wenn Sie die in der Skizze auf Seite 43 angegebenen Maße nicht übernehmen wollen. Berücksichtigen Sie dabei, dass das Regal am besten wirkt, wenn links und rechts neben dem Regal noch genügend freier Raum bleibt.

Nun schneiden Sie mit einer Eisensäge die rechteckigen Aluminiumhohlprofile, die Sie im Baumarkt oder bei einem Aluminium verarbeitenden Metallbaubetrieb erhalten können, auf die gewünschte Länge zu. Der Schnittwinkel richtet sich nach der von Ihnen beabsichtigten Schräge.

1–2 Als Nächstes werden die Schienen, am besten mit Hilfe eines Bohrständers, der für eine exakte Führung sorgt, gebohrt. Wie Sie der Skizze entnehmen können, wird für die beiden Aluminiumschienen, die nachher in den Raum schauen, ein Gewinde

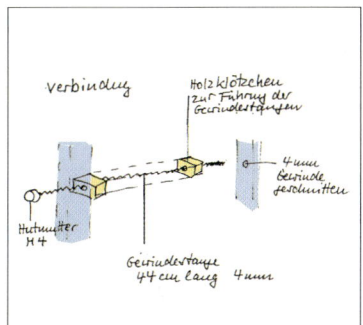

1

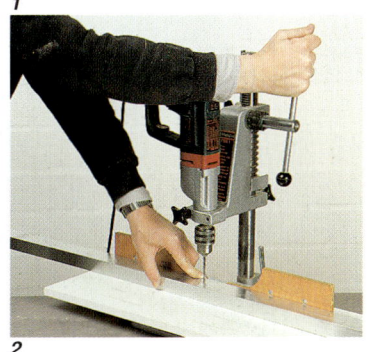

2

Arbeitsanleitung: Regal aus Leimholz und Aluminium

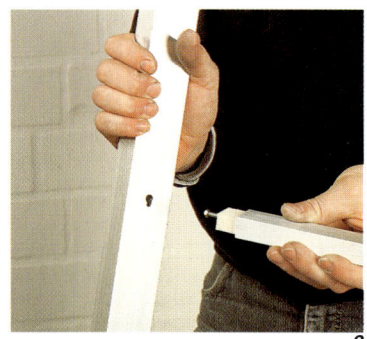

3

4

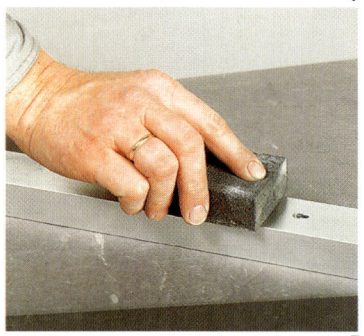

5

von 4 mm benötigt. Ein Gewinde wird deshalb verwendet, damit die Befestigung von vorne nicht sichtbar ist. Bohren Sie hier mit einem Stahlbohrer, 3,5 mm Durchmesser, nur durch eine Profilwand. Der Abstand zwischen den Bohrungen längs der Schiene richtet sich nach dem jeweils beabsichtigten Regalbrettabstand. Die beiden anderen Schienen bohren Sie mit dem Bohrer 4,5 mm. Durch diese Löcher wird zum Schluss die im Aluminiumprofil liegende Gewindestange geschoben.

Profitipp
Beim Bohren von Metallen rutscht der Bohrer oft ab. Mit einem Körner schlagen Sie zuerst eine leichte Vertiefung an der Bohrstelle in die Metalloberfläche. Damit wird ein Abrutschen verhindert. Damit der Bohrer nicht heiß und dadurch schnell stumpf wird, geben Sie vor dem Bohren einige Tropfen Maschinenöl auf den Bohrer, das die Hitze aufnimmt. Auch beim Gewindeschneiden verhindern ein paar Tropfen Öl, daß der Gewindeschneider sich »festfrisst«.

3 Zur Fixierung der Aluminiumleiste werden an beiden Enden passende Holzklötze eingefügt und durchbohrt, am besten mit einem 4,2-mm-Bohrer.
Die Aluminiumquerstreben, auf denen die Regalböden liegen, werden mit zwei Löchern (Durchmesser 4,5 mm) durchgehend versehen. An den beiden hinteren Aluminiumlängsträgern wird nun oben und unten noch an der Schmalseite die Bohrung für die vier Gewindehaken gemacht. Am elegantesten sieht es aus, wenn Sie die Bohrung im gleichen Winkel parallel zur Schnittkante des Aluminiumholms legen, was aber nicht ganz einfach ist.

4 Als Nächstes schneiden Sie die Gewinde in die für die Querstreben auf den vorderen Holmen vorgesehenen Bohrungen. Damit der Gewindeschneider besser greift und im richtigen Winkel schneidet, empfiehlt es sich, das Bohrloch vorher zu entgraten.

5 Nun werden alle Bohrstellen mit feinem Schleifpapier nochmals von Graten gesäubert. Fahren Sie mit dem Schleifklotz der Länge nach, da sich die Schleifspuren so besser einbinden.

Arbeitsanleitung: Regal aus Leimholz und Aluminium

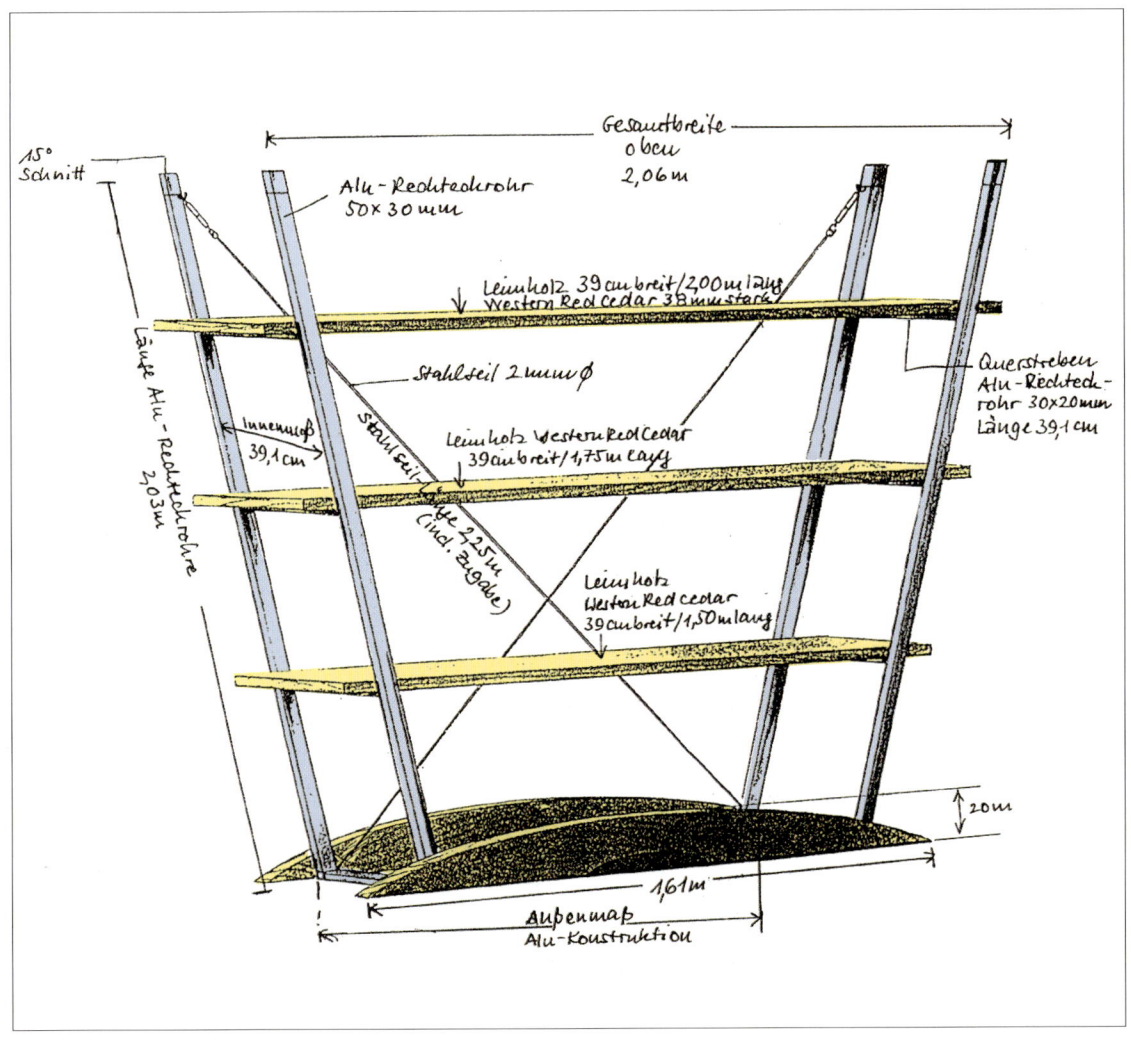

Arbeitsanleitung: Regal aus Leimholz und Aluminium

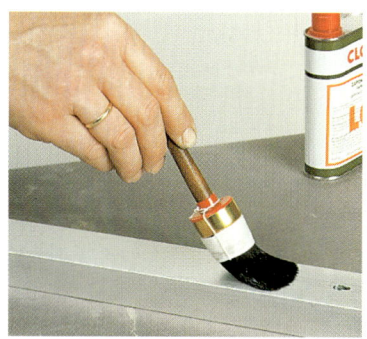

6

8

7

9

6 Anschließend streichen Sie, nachdem Sie das Aluminium von Verunreinigungen befreit und entfettet haben, alle Metallteile mit einem farblosen Lack oder schützen sie mit einem farbneutralen Wachs vor Fingerabdrücken.

7 Damit die beiden Kreissegmente aus Leimholz, die das Regal am Boden fixieren, gleich sind, fertigen Sie sich am besten eine Schablone an, z. B. aus preiswerter Spanplatte. Anschließend zeichnen Sie sich den Schnittverlauf sorgfältig mit einem Bleistift auf dem Leimholz an.

8 Nun wird der Verlauf des Kreissegmentbogens mit der Stichsäge herausgeschnitten. Die Säge ist plan auf dem Holz zu halten, damit der Verlauf auch sauber im rechten Winkel ist. Besondere Vorsicht ist beim spitzwinkligen Anfang und am Ende geboten.

9 Die Schnittfläche wird anschließend mit Schleifpapier im Winkel geglättet. Alle Kanten werden leicht gebrochen, damit nicht später Splitter herausreißen. Schleifen Sie immer mit der Faserrichtung.

Profitipp
Damit das Holz beim Schneiden mit der Stichsäge nicht ausfranst, können Sie auf beiden Seiten des Holzstücks auf der beabsichtigten Schnittkante ein Malerklebeband aufbringen. Benutzen Sie für saubere Schnitte immer ein neues Sägeblatt, das von der Zahnung und Länge des Sägeblatts auf das zu schneidende Material und dessen Dicke abgestimmt ist. Fixieren Sie das Sägeblatt fest in der Stichsäge, damit es nicht »flattert«. Bei den meisten Geräten können zusätzlich zur Führung des Sägeblatts wechselbare Führungsteile angebracht werden.

Arbeitsanleitung: Regal aus Leimholz und Aluminium

10 Die geglätteten Holzteile und die Regalböden werden nun mit einem umweltfreundlichen Wachs eingelassen, das Sie einfach mit einem breiten Pinsel auftragen können. Lassen Sie die Seite richtig trocknen, bevor Sie die Rückseite streichen. Durch das farblose Wachsen verstärkt sich die Struktur und Farbe des Holzes sehr schön. Mit einem fusselfreien Lappen können Sie die Holzteile noch nachpolieren, um überschüssige Wachsreste abzunehmen.

11 Der kreisförmige Akzent in schwarz wird ebenfalls mit Wachs aufgetragen, in diesem Beispiel mit einem schwarzen Deckwachs. Für die Form fertigen Sie wieder eine Schablone an, z. B. aus Pappe, um einen sauberen und gleichmäßigen Kurvenverlauf zu erhalten.
Sollten Sie bei Ihrer Pinselführung noch unsicher sein, fertigen Sie sich aus Selbstklebefolie die Negativform des Kreissegments an und kleben Sie diese auf die Holzteile. Achten Sie darauf, dass die Folie überall satt auf dem Holz anliegt, damit das Deckwachs nicht unter die Abdeckung laufen kann.

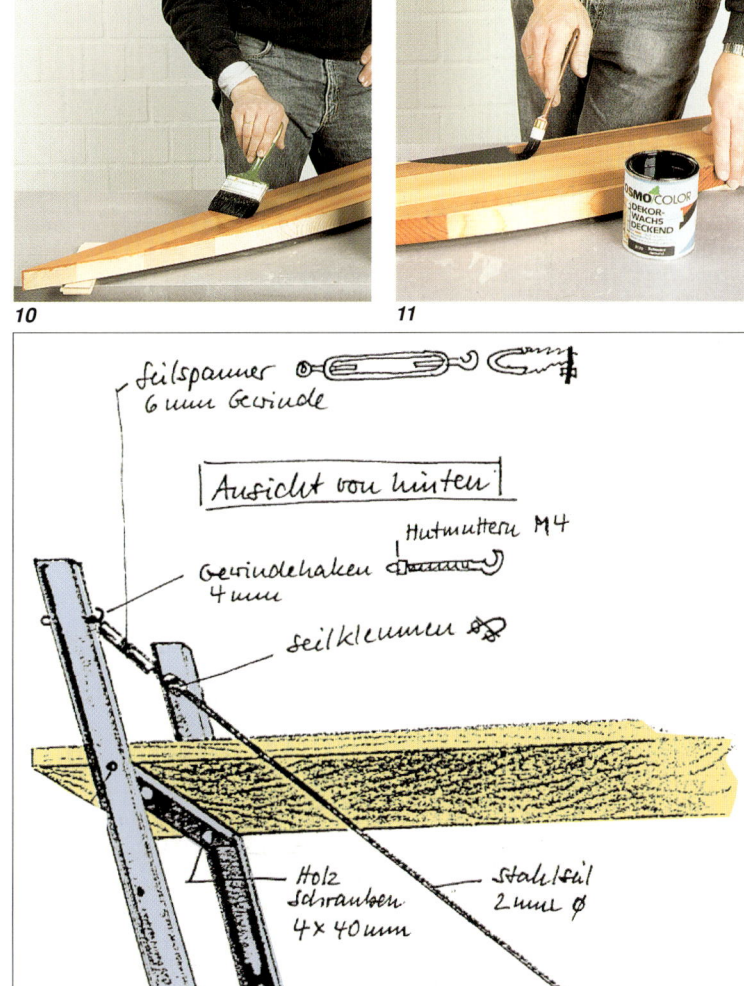

Arbeitsanleitung: Regal aus Leimholz und Aluminium

12 Bevor Sie das Regal zusammenbauen, bereiten Sie die Seile und Verankerungen für die beiden Diagonalverspannungen vor. Der Gewindehaken wird mit einer Hutmutter in den Aluminiumständern fixiert. Nachdem Sie die Stahlseile auf die richtige Länge abgezwickt haben, legen Sie eine Schlaufe, die Sie dann in den Haken einhängen. Zur Sicherung bringen Sie an den vier Schlaufen in der Größe passende Seilklemmen an.

13 Als nächstes schrauben Sie die Querholme aus Aluminium auf die vorderen Längsträger und schieben die Gewindestangen dann durch die beiden rückwärtigen Träger. Mit den Hutmuttern wird dann das Gestell verschraubt. Anschließend verschrauben Sie die beiden Holzkreissegmente mit dem Aluminiumgestell.

14 Für die Aufstellarbeiten sollten Sie einen Helfer haben. Nur noch wenige Handgriffe sind zu tun, bis Ihr Regal fertig ist. Mit den Holzschrauben befestigen Sie nun die gewachsten Regalböden auf den Aluminiumquerstreben. Dann richten Sie das Regal so aus, daß es symmetrisch steht.

15–16 Nun hängen Sie die Schlaufen der vorbereiteten Stahlseile in die Haken oben und unten ein. Durch Drehen des Mittelstücks am Seilspanner spannen Sie das Regal solange, bis es stabil steht.

Natürlich können Sie Ihr Regal auch mit anderen Farben lackieren oder lasieren, damit es zu Ihrer übrigen Einrichtung passt. Anstelle der Holzregalböden lassen sich auch andere Materialien wie Aluminium oder Glas einsetzen. Berücksichtigen Sie aber dabei, dass das gewählte Material in seiner Stärke für die Belastung ausreicht und die entsprechenden Befestigungen gewählt werden.

13

15

14

16

Darauf können Sie bauen!

COMPACT PRAXIS »do it yourself«

- Jeder Band mit über 200 Abbildungen und instruktiven Bildfolgen – alles in Farbe.

- Übersichtliche Symbole für Schwierigkeitsgrad, Kraftbedarf, Zeitaufwand u.v.m. – alles auf einen Blick.

- Anwenderfreundliche Komplettanleitungen für alle wichtigen Heimwerkerarbeiten – keine schmalen Einzelthemen.

- Mit besonders hervorgehobenen Sicherheits-, Profi- und Ökotipps.

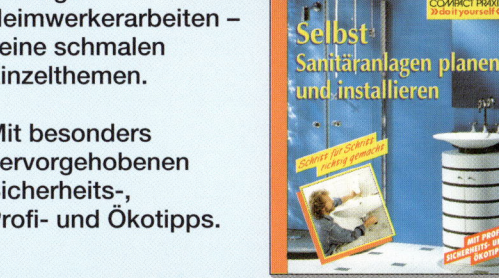

Über 60 Titel lieferbar. Bitte DIY-Spezial-Prospekt anfordern!

jeder Band € **10,25**

Preisänderung vorbehalten

Compact Verlag GmbH
Züricher Straße 29
81476 München
Telefon: 0 89/74 51 61-0
Telefax: 0 89/75 60 95
Internet: www.compactverlag.de

Arbeitsanleitung: Schrank fürs Kinderzimmer

Ein Schrank fürs Kinderzimmer

Arbeitsanleitung: Schrank fürs Kinderzimmer

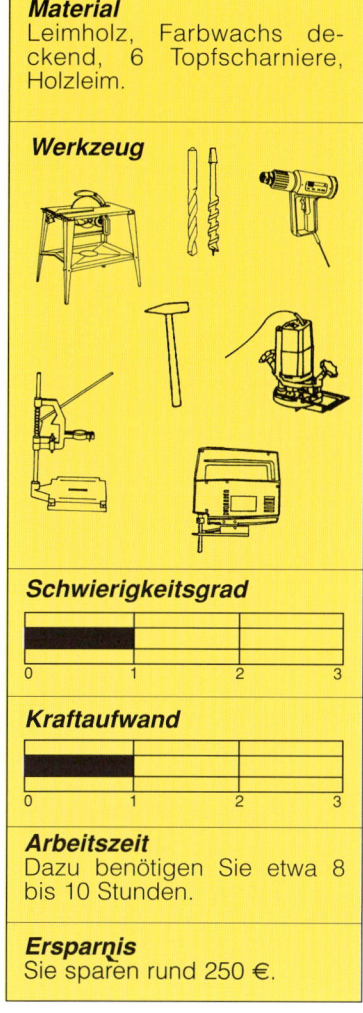

Material
Leimholz, Farbwachs deckend, 6 Topfscharniere, Holzleim.

Werkzeug

Schwierigkeitsgrad

0 — 1 — 2 — 3

Kraftaufwand

0 — 1 — 2 — 3

Arbeitszeit
Dazu benötigen Sie etwa 8 bis 10 Stunden.

Ersparnis
Sie sparen rund 250 €.

Gerade in Kinderzimmern kann man nie genug Stauraum haben.

Die Ausmaße des Schranks richten sich danach, ob er als Kleiderschrank oder auch zum Verstauen von Spielsachen dienen soll. Da **Leimholz** verwendet wird, ersparen Sie sich viel Sägearbeit, wenn Sie die im Handel erhältlichen Holzbreiten verwenden.

1 Zuerst schneiden Sie (vgl. Skizze) mit der Kreissäge die Schrankteile auf die richtige Länge. Dabei laufen die Seitenteile durch, die Querelemente liegen innen.

Als **Verbindung** dienen **Holzdübel**. Einfach und schnell lassen sich die Löcher für die Dübel mit einer **Dübelhilfe** bohren. Dieses Gerät können Sie auf den gewünschten Abstand des Bohrlochs von der Brettkante einstellen. Durch die Führung erhalten Sie ein senkrecht ausgerichtetes Bohrloch. In gleicher Weise werden die **Bohrungen** in die Stirn-

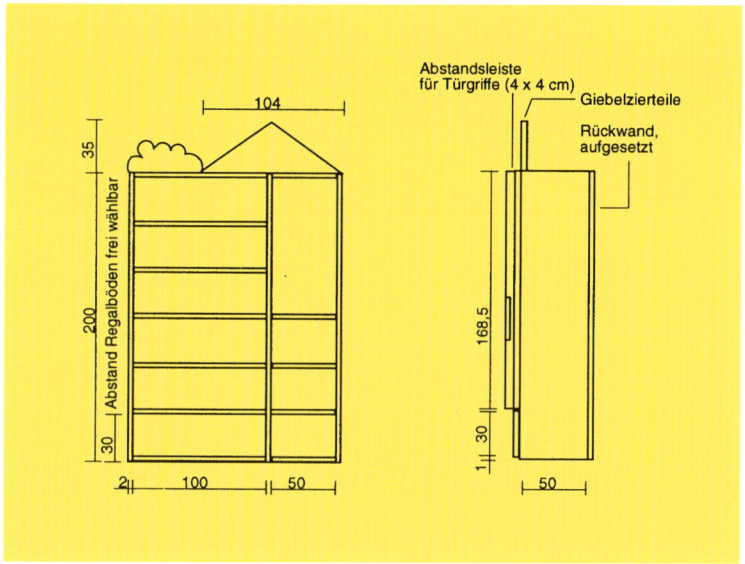

1

Arbeitsanleitung: Schrank fürs Kinderzimmer

holzseiten der Regalböden und Trägerwände zwischen den Schubläden und Regal gebohrt.

2 Für das Anbringen der **Topfbandscharniere** bohren Sie die Vertiefungen in die Seitenteile und Schranktürbretter. Damit Sie den richtigen Abstand halten, können Sie vorher eine Schablone, z. B. aus Hartfaserplatte, anfertigen.

3 Nachdem Sie alle Verbindungslöcher vorbereitet haben, schleifen Sie mit einem feinen Schleifpapier (z. B. mit dem Vibrationsschleifer) die Flächen nochmals glatt.
Dann leimen Sie die einzelnen Teile zusammen. Zuerst werden die Dübel ein Drittel in den Holzleim eingetaucht und in die Löcher gesteckt. Anschließend ziehen Sie eine Leimspur auf das Holz zwischen den Dübeln. Nun stecken Sie das zweite Brett auf die Dübel und fixieren die beiden Bretter.

Die **Rückwand** wird entweder in den Schrank eingelassen oder stumpf auf den Kasten aufgesetzt. Wenn Sie sie einlassen wollen, bieten sich zwei Verfahren an:
- Sie fräsen umlaufend in die Außenbretter eine Nut in der Stärke der Rückwand.
- Anstelle der Nut wird die hintere innen liegende Kante ausgeklinkt, was aber nur bei breiteren Brettern Sinn macht, da die Ausklinkung so breit sein soll, dass eine stabile Befestigung der Rückwand möglich ist.

Beachten Sie, dass bei beiden Verfahren dann alle innen liegenden Bretter entsprechend schmäler geschnitten werden müssen.
Zum Öffnen der Schranktüren wird auf die Türplatten eine Holzleiste geleimt. Sie soll so stark sein, dass man ohne Probleme mit den Fingern hinter die auf die Leiste gedübelten Griffblenden greifen kann.

4 Die **Griffblenden** sowie -löcher an den Schubladenfronten, die

Arbeitsanleitung: Schrank fürs Kinderzimmer

Verzierungen auf dem Schrankdeckel und unter den Regalböden schneiden Sie einfach mit der Stichsäge aus dem Leimholz. Bei den Schubladenblenden bohren Sie vorher ein entsprechend großes Loch innerhalb der Griffform, in das Sie dann die Stichsäge einführen.

5 Nach dem Einwachsen der Holzflächen schrauben Sie die Scharniere in die Türbretter und im zweiten Arbeitsgang das Türelement an die Schrankseitenteile.

6 Der Farbauftrag für die bunten Teile erfolgt am einfachsten mit einer Spritzpistole.

7 Hier sehen Sie den Schrank fürs Kinderzimmer in leicht abgewandelter Form.

6  7

Arbeitsanleitung: Wandregal mit Giebel

Wandregal mit Giebel

Arbeitsanleitung: Wandregal mit Giebel

Material
Leimholz, Weißleim, Wachs (farblos, farbig), Packklebeband, Schleifpapier, Fixierschnecken mit Arretierstiften, Lamellentüren, Türgriffe, Topflochscharniere.

Werkzeug

Schwierigkeitsgrad

Kraftaufwand

Arbeitszeit
Hierfür benötigen Sie 1 Tag.

Ersparnis
Die Einsparung beträgt rund 250 €.

Die durchgehend schwarze Ablageplatte hält das sonst sehr offene Wandregal optisch reizvoll zusammen.

1 Damit die Ablageplatte sauber in den Regalseitenteilen sitzt, werden zuerst links und rechts an den Seitenteilflächen **Nuten eingefräst**. Im Bereich der Vorderkante wird in Nutenbreite das Holz komplett herausgenommen. Achten Sie darauf, dass im Bereich der Nuten noch genügend Holz stehenbleibt, damit die Seitenteile stabil sind.

Sicherheitstipp
Fixieren Sie Ihre Werkstücke und Schablonen immer sorgfältig! Ein Ver- oder Abrutschen kann beim Fräsen, Sägen oder Bohren zu schlimmen Verletzungen führen. Sorgen Sie stets für eine plane Auflagefläche, damit Ihre Werkstücke nicht wackeln können.

2 In die Ablageplatte fräsen Sie in der Breite und Tiefe des noch vorhandenen Holzes im Bereich der Nuten in den Seitenteilen von der Rückenkante her den Streifen heraus. Nach dem Schleifen können Sie die Platte ganz nach

1

2

3

Arbeitsanleitung: Wandregal mit Giebel

4

6

5

7

Ihrem individuellen Farbwunsch mit deckendem Dekorwachs streichen.

3 Für den **Giebel** werden die Brettstücke so geschnitten, daß sich oben ein 90-Grad-Winkel ergibt. Eine Schablone ist hilfreich beim Anzeichnen der passenden Längen. Damit Sie oben eine saubere Führung haben, legen Sie die beiden Seitenflächen mit dem Schrägschnitt nach unten nebeneinander. Mit Packklebeband fixieren Sie jetzt die Teile.

4 Nun drehen Sie die beiden Teile um und leimen sie mit Weißleim zusammen.

5 Als Nächstes setzen Sie das Giebelbrett ein und verleimen es. Damit Sie eine saubere Farbkante erhalten, sollten Sie die Frontseite des Bretts bereits vorher farbig mit Wachs behandeln. Achten Sie darauf, dass alle Kanten bündig verlaufen.

6 Nach dem Aushärten des Klebers wird die Bodenplatte des Giebels aufgeleimt. Damit sie auch ganz sicher hält, können Sie diese noch zusätzlich verschrauben.

7 Vor dem Zusammenbau schleifen Sie alle Holzteile sorgfältig, damit die noch vorhandenen Fasern und Verunreinigungen dadurch verschwinden. Alle Teile werden nun gewachst oder mit Lasuren oberflächenbehandelt.

Profitipp
Wenn Sie das Holz z. B. mit einem nassen Schwamm leicht wässern, richten sich die Holzfasern auf. Beim anschließenden Schleifen werden diese dann weggenommen. Dadurch erhalten Sie eine sehr glatte Oberfläche. Schleifen Sie immer in Richtung der Holzmaserung. Beim Querschleifen entstehen Schleifspuren, die nur mit großem Aufwand wieder herauszuschleifen sind.

Arbeitsanleitung: Wandregal mit Giebel

Die Regalbretter werden mit den eingelassenen Fixierschnecken auf die **Arretierstifte** in den Seitenteilen geschoben und durch Drehen der Schnecke festgezogen.

8–9 Eine attraktive Alternative ist der Einbau von **Lamellentüren**, die Sie in verschiedenen Breiten und Längen im Handel erhalten.

Die Topflöcher für die Scharniere müssen Sie gegebenenfalls noch selbst bohren. Am besten sieht die Regalwand mit innen liegenden Türen aus, da die Grundform mit den sichtbaren Regalrahmenelementen erhalten bleibt. Ihre Regalmaße sind dann entsprechend anzupassen.
Die Türgriffe können Sie passend zu Ihrer übrigen Einrichtung wählen.

8    9

Arbeitsanleitung: Raumteiler aus Leimholz

Ein Raumteiler aus Leimholz

Arbeitsanleitung: Raumteiler aus Leimholz

Material
Profi-Leimholz Kiefer, 28 mm, 18 Platten je 2,50 x 0,30 m, D4, durchgehende Lamellen, Lamellenbreite 44 mm, Möbelzuschneidetüren Kiefer, 3 Türen je 2,00 x 0,394 mm, 20 mm stark, Topfbänder 15 Stück, Möbel/Regalverbinder 224 Stück.

Werkzeug

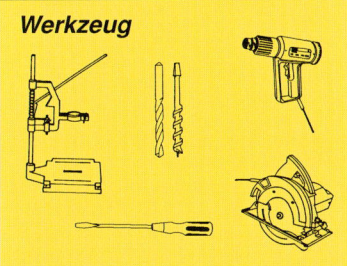

Schwierigkeitsgrad

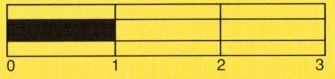

Kraftaufwand

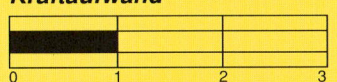

Arbeitszeit
Sie benötigen etwa 12 Stunden.

Ersparnis
Sie können rund 500 bis 760 € sparen.

Dieser **Raumteiler** aus **Leimholz**, mit den Farben Gelb, Rot, Schwarz und Blau, ist auf einem quadratischen Grundprinzip aufgebaut.

Die **Grundkonstruktion** dieses Raumteilers besteht aus senkrechten Seitenwänden aus Kiefernleimholz, die mit Zwischenböden im selbst gewählten Abstand verbunden werden. Damit der Raumteiler auch demontiert werden kann, werden die Fachböden mit einem Bodenträgersystem, das aus einem Halter, aus den Seitenteilen und einer Hülse in den Enden der Regalböden besteht, befestigt. Die Tiefe wurde im Verhältnis zu den Seitenteilen aus optischen Gründen um 20 mm geringer gewählt.

1 Die **Sichtkanten** der Regalböden, die Sie vorher um 20 mm kürzen, müssen anschließend sauber geglättet werden. Das geht am besten mit einem scharfen Hobel; die Feinglättung vollziehen Sie mit einem feinen Schleifpapier mit Schleifklotz.

2 Farbloses Dekorwachs für die farbigen Holzteile schützt nicht nur die **Oberfläche** vor Verunrei-

1

2

3

Arbeitsanleitung: Raumteiler aus Leimholz

nigungen. Farbloses Wachs bringt auch die Schönheit des Holzes plastisch zur Geltung. Nach dem Trocknen des zweiten Wachsanstrichs kann man die Oberfläche auf Seidenglanz polieren.

3 Mit dem Forstnerbohrer werden die Löcher zur Aufnahme der **Trägerhülsen** in die Ränder der Regalböden gebohrt, jeweils an beiden Schmalseiten, 4 cm von der vorderen und hinteren Kante entfernt.

4–5 In jede der Randbohrungen stecken Sie die Trägerhülsen mit der Öffnung nach außen ein. Gegebenenfalls müssen Sie leicht mit dem Hammer nachschlagen, damit die Hülse plan mit der Oberfläche abschließt. Mit den beiliegenden Schrauben werden dann die Trägerhülsen im Hirnholz der Regalböden befestigt.

6–7 Mit Hilfe einer Schablone aus Hartfaserplatte können Sie gleiche Abstände und den rechten Winkel für die Schraublöcher der Bodenträger in den Seitenteilen erzielen. Die Bodenträger werden an den vorbereiteten Bohrungen mit einer in der Länge passenden Schraube befestigt.

8 Die Montage der Regalböden mit den Seitenteilen ist nun sehr einfach: Sie lassen die Böden mit den Trägerhülsen in die Bodenhalter an den Seitenteilen einrasten.

Genauso einfach lässt sich Ihr Raumteiler wieder auseinandernehmen, wenn Sie umziehen oder Ihr Möbelstück in einem anderen Raum aufstellen wollen.

9 Für **Lamellentüren** gibt es Selbstbausätze, die Sie in der Länge und Breite kürzen können. Die Querlamellen, entsprechend gekürzt, werden in die Nuten der Seitenbretter eingeleimt. Damit oben und unten ein sauberer und mit den Seitenteilen höhengleicher Abschluss entsteht, werden noch Deckleisten auf die Abschlusslamellen aufgeleimt und mit Schraubzwingen bis zum Härten des Weißleims festgedrückt.

Profitipp
Wischen Sie alle Klebereste noch im flüssigen Zustand sorgfältig ab. Mit Leim verschmierte Stellen können sich beim Lasieren oder Behandeln mit Wachsen in der Färbung unterscheiden oder auch fleckig werden.

Arbeitsanleitung: Raumteiler aus Leimholz

10 Auch für die Montagebohrungen der Topfscharniere fertigen Sie sich am besten eine kleine Schablone an, die nicht nur die Höhen der Bohrungen, sondern mit kleinen Halteleisten auch die Abstände von der Vorderkante der Regale festlegt.

11 Nach dem Bohren der Topflochbohrungen (Durchmesser 35 mm) in die Türrahmen und in die Regalseitenteile werden die Unterteile der Bänder in die Regalteile geschraubt. Die Topfbänder mit Scharnierteil befestigen Sie im Türrahmen.

12 Nun lassen Sie die so vorbereitete Tür mit den Scharnierteilen in die Unterteile an der Regalwand einrasten. Anschließend richten Sie die Tür noch aus. Hierfür verstellen Sie die Bänder in der Tiefe sowie in der Waag- und Senkrechten.

Als Türzuhalter eignen sich so genannte **Druckmagnetschnapper**, bei denen die Tür durch leichtes Andrücken etwas nach außen aufspringt. Dadurch können Türgriffe entfallen, die die Klarheit der Raumteilerfront in diesem Fall nur stören würden.

7

10

8

11

9

12

Arbeitsanleitung: Raumteiler aus Porenbeton

Abgestufter Raumteiler aus Porenbeton

Arbeitsanleitung: Raumteiler aus Porenbeton

Material
Planbauplatten; Raumteiler: 58 x 50/25/7,5, Sideboard: 17 x 50/25/5; 62,5/25/5, Schrauben, Dübel, Spanplatte, Klavierband, Trockenkleber, Eckschutzschienen, Glättputz, Farbe.

Werkzeug

Schwierigkeitsgrad

Kraftaufwand

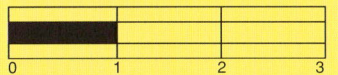

Arbeitszeit
Für beide Einbauten zusammen benötigen Sie etwa 2 bis 3 Tage.

Ersparnis
Pro Einbau sparen Sie ungefähr 500 €.

Oft ist es schwierig, in kleinen Appartments die unterschiedlichen Dinge wie Bett, Schreibtisch, Essplatz usw. voneinander zu trennen, ohne dass es beengend wirkt.

1 Für solche Situationen eignet sich der hier dargestellte abgestufte Raumteiler aus Porenbeton bestens.

2 Ohne Rückwand gebaut, können Sie alle Dinge, die im Regal stehen, von beiden Seiten herausnehmen. Durch den verspiegelten Schrank wird der Raum noch zusätzlich optisch vergrößert. Die Spiegelung des abgetreppten Raumteilers wirkt dabei nicht aufdringlich, sondern bindet sich hervorragend in das Raumkonzept ein.

3 Wie Sie den Bauskizzen entnehmen, ist der Bau des Raumteilers denkbar einfach. Die Plansteine aus Porenbeton sind alle 7,5 cm stark. Das Rasterprinzip ist 35 cm in der Höhe und Breite. Auf dem Grundprinzip aufbauend können Sie Ihr Regal beliebig erweitern und in der Form variieren, wie Sie es für Ihre räumliche Situation benötigen.

1

2

Arbeitsanleitung: Raumteiler aus Porenbeton

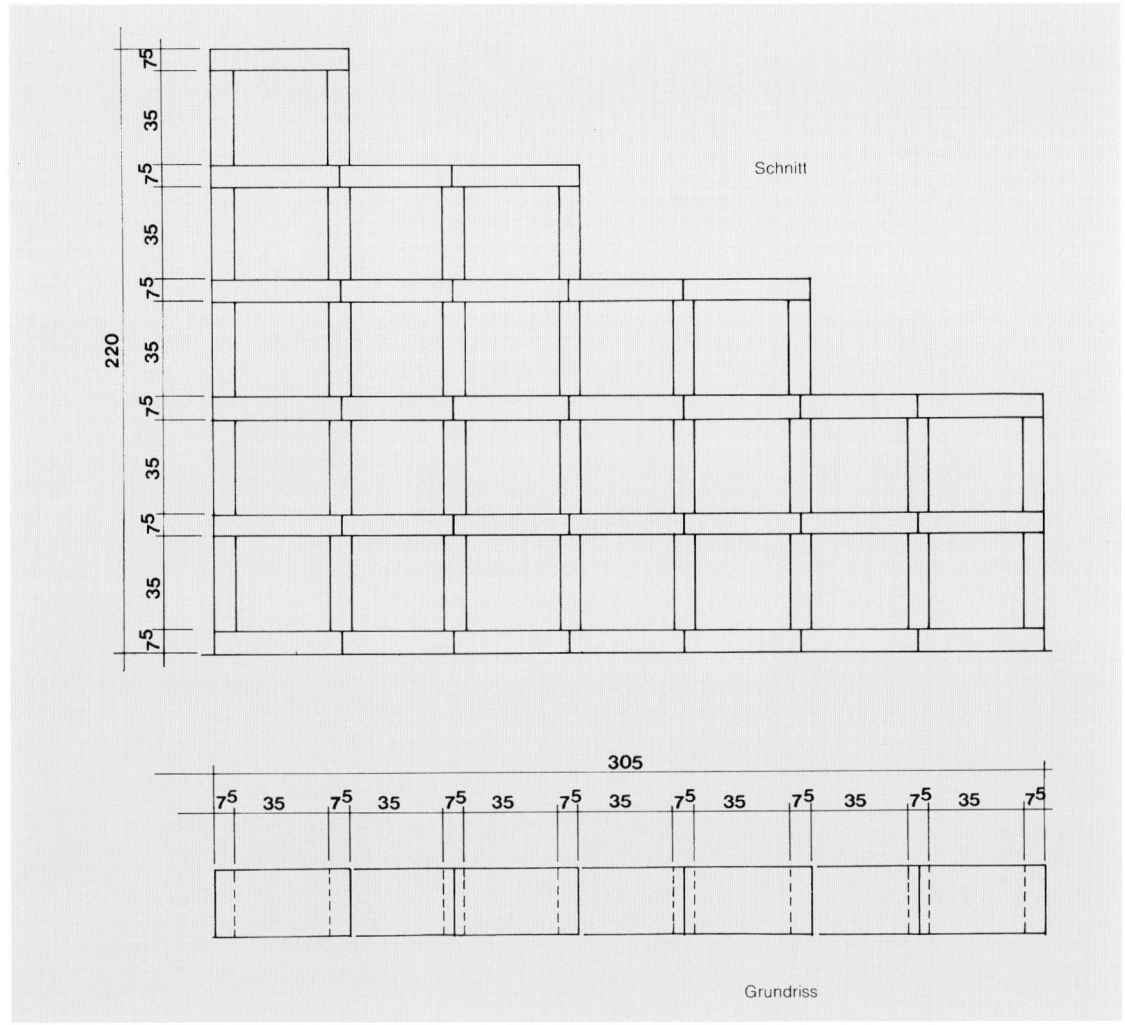

Schnitt

Grundriss

Arbeitsanleitung: Raumteiler aus Porenbeton

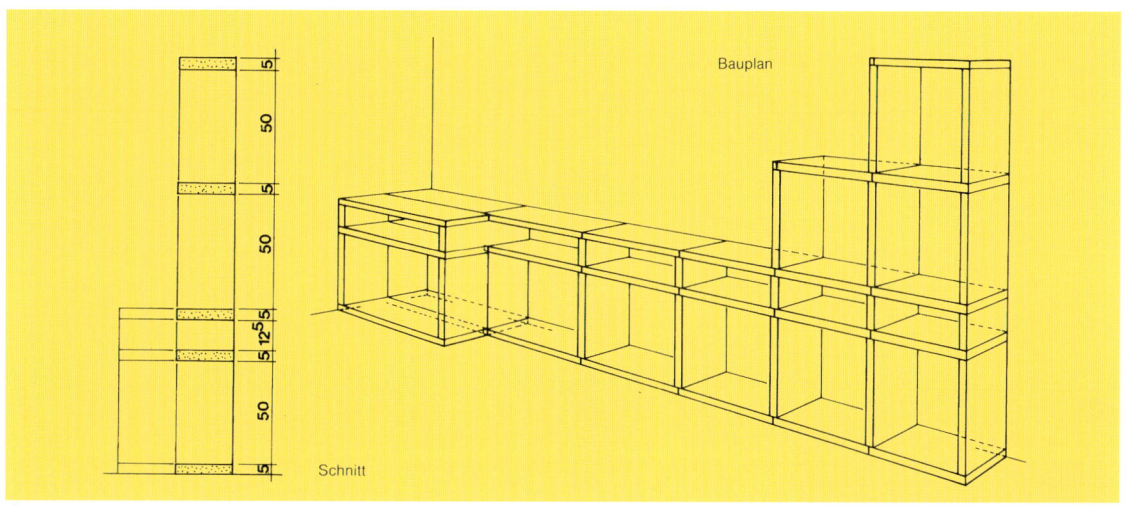
4

Auf die liegenden Planbausteine werden die ersten senkrechten Quader geklebt. Die zweite waagrechte Steinreihe wird so verlegt, dass bis auf die Außensteine immer eine Fuge mittig auf den senkrechten Steinen zu liegen kommt. Bei stärkerer Belastung der Regalbrettelemente oder bei breiterem Abstand werden anstelle der Plansteine passende Sturzelemente gewählt.

4 In gleicher Weise lassen sich auch Sideboards und Arbeitsflächen bauen. Durch einen Vorbau mit 50 cm Tiefe erreichen Sie eine ausreichende Arbeitsplattentiefe.

5 Ein besonders gelungenes Detail ist das aus dem Rahmen klappbare Bild, das ausgezogen als Schreibplatte dient.
Die Platte aus Holz, z. B. eine **Multiplex-** oder eine **Tischlerplatte**, wird einfach mit einem Klavierband an der Wand befestigt. Somit haben Sie beim Sitzen die notwendige Beinfreiheit und können bequem Ihre Schreibarbeiten verrichten.

5

Arbeitsanleitung: Schrankwand mit Schiebetüren

Schrankwand mit Schiebetüren

Arbeitsanleitung: Schrankwand mit Schiebetüren

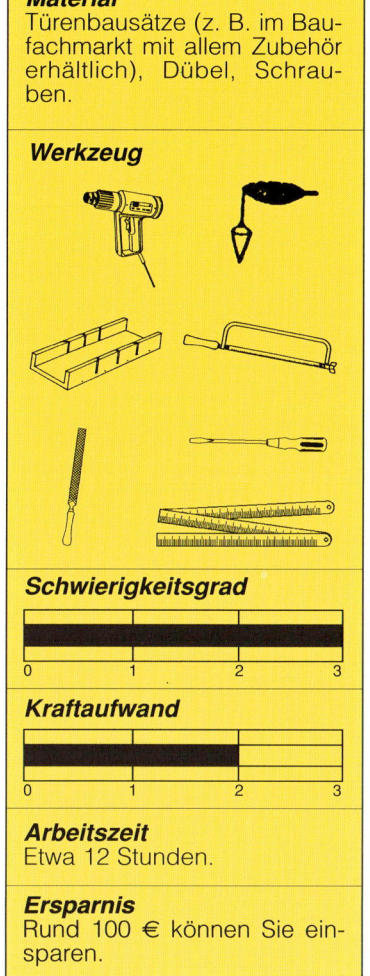

Material
Türenbausätze (z. B. im Baufachmarkt mit allem Zubehör erhältlich), Dübel, Schrauben.

Werkzeug

Schwierigkeitsgrad
0 1 2 3

Kraftaufwand
0 1 2 3

Arbeitszeit
Etwa 12 Stunden.

Ersparnis
Rund 100 € können Sie einsparen.

Schiebetüren lassen sich besonders gut einsetzen, um in Nischen und Winkeln Stauraum zu erhalten. Dabei müssen Sie auch keine aufwendige Schrankinnenkonstruktion bauen. Einfache Fertigregalsysteme können aufgestellt werden. Die Wand als Rückwand, Seitenwände, Decke und Boden dienen dabei als Begrenzung für die Schiebetürelemente.

Äußerst wichtig beim Einbau von Gleitschiebetürelementen, die es als Fertigtürbausätze gibt, ist das vorherige exakte Maßnehmen:

Breitenmaß
Messen Sie Ihre Nische sicherheitshalber in der Breite am Boden, in der Mitte und an der Decke. Als Ihr Maß nehmen Sie dann das breiteste für Ihre weiteren Arbeiten an.

Höhenmaß
Ebenfalls an den Wänden und in der Mitte gemessen ist das für Sie verbindliche Maß das kleinste der drei Maße.

Um festzustellen, ob Ihre Wände auch senkrecht stehen, legen Sie das Lot daran. Bei gravierenden Abweichungen planen Sie am besten eine Blende zwischen Wand und Schiebetüren ein.

Anzahl und Anordnung der Türelemente ist abhängig von der Innengestaltung des Schranks. Wichtig ist, dass alle Regalbereiche gut zugänglich sind. Beim Berechnen der Türfüllungsmaße müssen für jede Überlappung der Türen etwa 20 mm hinzugerechnet und die Angaben zum Beschlag- und Profilsystem mit berücksichtigt werden.

Profitipp
Zum Messen von Abständen zwischen Wand/ Wand oder Boden/Decke gibt es spezielle Meßlatten aus ineinander gesteckten Vierkant-Aluminiumrohren. Diese schieben Sie einfach so lange auseinander, bis Sie an der gegenüberliegenden Wand oder an der Decke anstoßen. Durch die Stabilität der Rohre erhalten Sie ein exaktes Maß, da sie nicht wie der Meterstab durchhängen. Auf der Maßskala läßt sich dann einfach das Maß ablesen. Achten Sie aber darauf, daß Ihre Messlatte waag- bzw. senkrecht angehalten wird.

1 Nachdem Sie nun alle Maße zusammengestellt und aufeinander abgestimmt haben, werden

Arbeitsanleitung: Schrankwand mit Schiebetüren

1

4

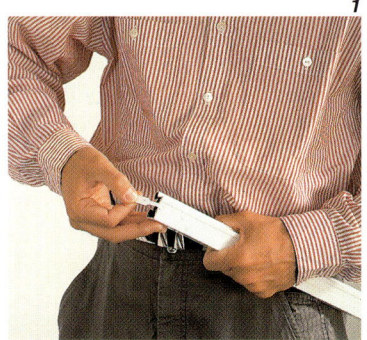
2

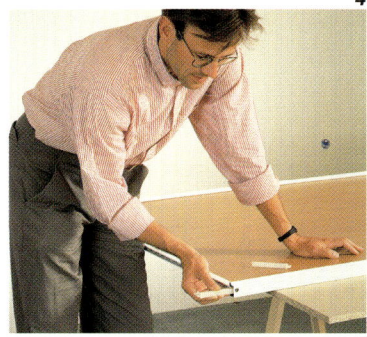
5

3

6

die waag- und senkrechten Türrahmenprofile mit der Metallbügelsäge auf die benötigten Längen zugeschnitten. Die Schnittkanten müssen zum Schluss mit einer Metallfeile noch sorgfältig entgratet werden.

2 Mit der in der Systempackung gelieferten Papierschablone, die Sie aufkleben können, lassen sich die Bohrungen für die Verbindungsschrauben auf den waagrechten Profilen exakt festlegen. Vor dem Bohren senken Sie die Bohrstelle mit einem Körner leicht ein, um nicht mit dem Bohrer abzurutschen.

3 Die so vorbereiteten Profile werden nun um die Türfüllung montiert, zuerst die waagrechten, dann die senkrechten. Mit Inbusschrauben und -schlüssel fixieren Sie die Teile.

4 Nun setzen Sie die Rollen ein. Drehen Sie dabei die Schrauben nur so weit fest, dass das Rollengehäuse parallel zum Querprofil verläuft.

5 Die Gleiter aus Kunststoff schieben Sie von oben in das senkrechte Profil ein.

Arbeitsanleitung: Schrankwand mit Schiebetüren

6 Bereiten Sie die **Deckenschiene** und die Holzleiste vor, an der zum Schluss die Deckenblendleiste befestigt wird. Auf Länge geschnitten, werden beide Teile vorgebohrt.

Abschließend zeichnen Sie sich nun an der Decke die Bohrlöcher für die Dübel an, bohren die Deckenlöcher und schrauben Deckenschiene und Holzleiste an die Decke. Die **Bodenschiene** wird entweder auf dem Bodenbelag aufgeklebt oder festgeschraubt.

7 Die nun einzusetzenden **Dichtungsbürsten** in den senkrechten Profilen sorgen dafür, dass die Türen sanft aneinanderlaufen und die Außenkanten schonen. Außerdem verhindern sie das Eindringen von Staub in den Schrank. Selbstklebend sind sie einfach auf die Kanten und an die hinteren Profilkanten der vorne liegenden Tür anzubringen.

8 Zum Einhängen der Türen sollte man zu zweit sein. Die Türen, die in der hinteren Führung laufen, werden zuerst so weit in die hintere Nut eingedrückt, bis die Gleiter einrasten. Nun wird die Tür unten in die Nut sorgfältig eingefädelt.

9 Nachdem alle Türen eingehängt sind, werden sie mit den Stellschrauben justiert. Die Federstopper, die die Tür in Position halten, werden anschließend in die Nut geschraubt. Als Letztes bringen Sie noch die Deckenblende an.

Sicherheitstipp
Sorgen Sie stets dafür, dass für Sie und für Ihre Helfer standstabile Leitern, Staffeleien oder Tritthocker vorhanden sind, um Unfälle zu vermeiden. Setzen Sie beim Bohren in die Decke eine Schutzbrille auf, damit keine Betonsteinchen in Ihre Augen fallen können.

8

9

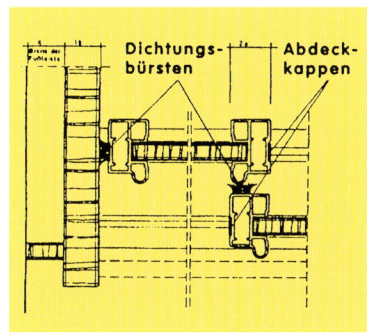
7

Arbeitsanleitung: Raumteiler fürs Bad

Ein Raumteiler für kleine Bäder

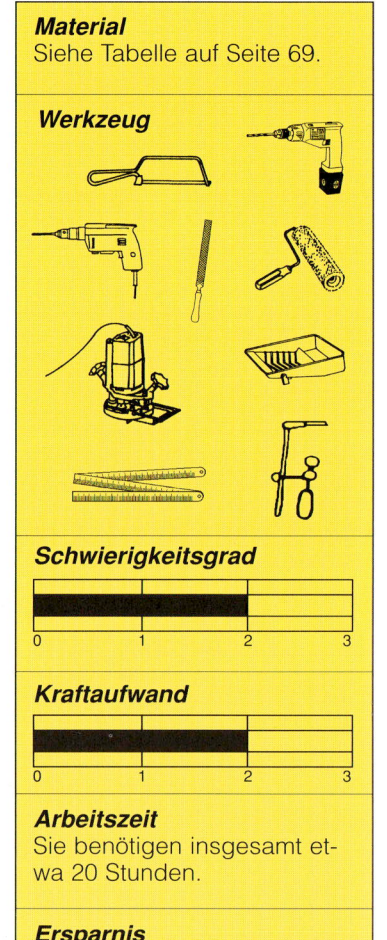

Material
Siehe Tabelle auf Seite 69.

Werkzeug

Schwierigkeitsgrad

Kraftaufwand

Arbeitszeit
Sie benötigen insgesamt etwa 20 Stunden.

Ersparnis
Die Ersparnis liegt bei rund 150 €.

Arbeitsanleitung: Raumteiler fürs Bad

Materialliste

Nr.	Menge	Bezeichnung	Maße	Material
1	1	Unterteil-Seite vorn	43,8 x 30,0 cm	16 mm beschichtete Spanplatte
2	1	Unterteil-Seite hinten	73,8 x 30,0 cm	
3	1	Mittelteil-Seite vorn	28,4 x 30,0 cm	
4	1	unterer Boden	90,0 x 30,0 cm	
5	1	oberer Boden Unterteil	88,4 x 30,0 cm	
6	1	oberer Boden Mittelteil	60,0 x 30,0 cm	
7	2	Oberteil-Seiten	100,0 x 30,0 cm	
8	1	Einlegeboden Unterteil	86,8 x 25,0 cm	
9	1	Rückwand-Unterteil	86,8 x 43,8 cm	10 mm beschichtete Spanplatte
10	1	Rückwand-Mittelteil	56,8 x 28,4 cm	
11	1	Rückwand-Oberteil	100,0 x 28,0 cm	
12	3	Einlegeböden Oberteil	26,8 x 28,0 cm	
13	1	Abschlussplatte oben	132,0 x 31,5 cm	16 mm starke MDF-Platte
14	2	Plattenverstärkungen oben	135,0 x 15,0 cm	
15	1	Eckboden obere Platte	20,0 x 29,0 cm	
16	1	Eckboden untere Platte	18,5 x 27,5 cm	
17	1	Schiebetür	42,2 x 43,5 cm	3,2 mm starke Hartfaser weiß
18	1	Schiebetür	42,2 x 45,5 cm	
19	1	Laufleiste unten	86,8 cm lang	30 x 10 mm Massivholz
20	1	Laufleiste oben	86,8 cm lang	30 x 15 mm Massivholz
21	2	Griffleiste an den Türen	40,0 cm lang	15 x 10 mm Massivholz
22	2	Füße	8,0 cm lang	40 x 60 mm Massivholz

Zwei oder drei Leuchten mit Glaskuppel, entsprechend viele 60-Watt-Glühbirnen;
10 und 16 cm breite Kunststofffkanten zum Aufbügeln; 8-mm-Holzdübel; Schrauben 3,5 x 45 mm; wasserfesten Holzleim; 16 Regelbodenträger; zwei mittelgroße Winkeleisen; Capacryl-Haftprimer; Capacryl-Holzgrund; Acryl-Seidenglanzlacke.

Arbeitsanleitung: Raumteiler fürs Bad

Viele Fläschchen, Tuben, Handtücher und sonstige Kleinigkeiten werden im Bad gebraucht. Meist ist nicht ausreichend Platz dafür. Abhilfe schafft ein Raumteiler, der genügend Stauraum und Abstellflächen bietet, und gleichzeitig Waschbecken und WC optisch voneinander trennt. Durch die eingebauten Leuchten wird zudem der Platz am Waschbecken gut beleuchtet.

1

Die **melaminbeschichteten Spanplatten** sowie die Hartfaserplatten lassen Sie sich am besten gleich auf Maß zuschneiden. Melaminbeschichtete Platten neigen nämlich leicht zum Ausreißen an den **Schnittkanten**. Falls Sie sie selbst sägen wollen, kleben Sie die Schnittkante zum Beispiel mit Packklebeband ab, wodurch das Aufreißen der Kanten weitgehend verhindert wird.

Die auch nach dem Zusammenbau sichtbaren Kanten werden mit einem **Umleimer**, den Sie aufbügeln können, beschichtet. Die Umleimer sind breiter als die Platten. Die Überstände nehmen Sie vorsichtig mit einem Stemmeisen ab und verschleifen dann

2

Arbeitsanleitung: Raumteiler fürs Bad

die Kante. Nun bohren Sie alle notwendigen Verbindungslöcher bereits vor dem Zusammenbau.

1–2 Die nicht sichtbaren Verbindungen wie z. B. die zur Wand hin können Sie mit Spanplattenschrauben ausführen, alle anderen Verbindungen werden mit **Holzdübeln** gemacht. Die so vorgefertigten Teile verkleben Sie miteinander und pressen Sie anschließend noch mit **Schraubzwingen** zusammen.

Profitipp
Verwenden Sie für den Raumteiler im Bad wasserfesten Holzleim. Er eignet sich besonders gut für beschichtete Holzverbindungen in Feuchträumen.

3 Die offenen Rückwände sowie die Blendleisten und Füße aus Massivholz werden nun farbig mit Acryllack gestrichen. An den Seitenwänden der Regale führen Sie die Bohrungen für die Regalbretter aus; danach stecken Sie die **Bodenhalter** ein.

Die **Laufleiste** für die Schiebetüren aus Hartfaserplatte fräsen Sie aus den Führungsholzleisten heraus. Anschließend passen Sie die Teile zusammen, verleimen und fixieren sie.

4 Die **Abdeckplatte** (zweiteilig) über dem Spiegel und das viertelkreisförmige Regalbrett neben dem Spiegel sind aus **MDF-Platten**. Nachdem Sie die Form herausgeschnitten haben, fräsen Sie in die obere Platte der Spiegelabdeckung die Nuten mit der Oberfräse heraus, in die nachher die Kabel für die Beleuchtung gelegt werden. Gegebenfalls müssen Sie die Platte noch etwas verstärken, damit sie sich nicht durchbiegt. Vergessen Sie nicht die Bohrungen für die Kabelzuführung zu den einzelnen Leuchten.

5 Nachdem Sie die **Füße** an den Raumteiler geschraubt haben, fixieren Sie den gesamten Korpus mit dem aufgeschraubten **Baldachin** noch mit **Winkeleisen** an der Wand, damit Ihr Möbelstück fest steht.

An der Unterseite des Abdeckelements befestigen Sie die Sockel der Leuchten, schließen sie an das Elektrokabel an und setzen die Lampengläser auf. Die Kabel verstauen Sie abschließend in den vorgesehenen Nuten.

3

4

5

Arbeitsanleitung: Theke aus Glasbausteinen

Raumteiler aus Glasbausteinen

Arbeitsanleitung: Theke aus Glasbausteinen

Material
Wasserverleimte Spanplatten 22 mm stark, Verbindungsmontagesystem mit Aluprofilen, Spiegelstreifen, Einbauleuchten, Glasbausteine, Silikon, doppelseitiges Klebeband.

Werkzeug

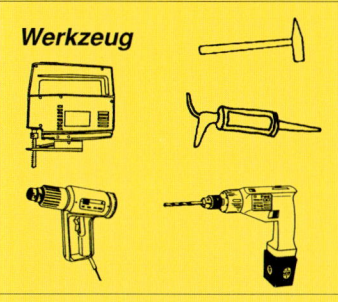

Schwierigkeitsgrad

Kraftaufwand

Arbeitszeit
Hierfür benötigen Sie etwa 3 Tage.

Ersparnis
Hier können Sie rund 870 € einsparen.

Eine ideale Ergänzung zu Ihrer Küche ist die Theke aus Glasbausteinen, die zum Sitzen mit Freunden einlädt.

Das besondere daran ist, dass sich die Theke mit dem abgehängten Deckenlichtelement ohne großen Schmutz und Aufwand gut nachträglich einbauen lässt. Ohne Mörtel oder Kleber wird sie in Trockenbauweise erstellt.

Als Erstes legen Sie die **Grundform** Ihrer Theke fest. Ob gebogen, gerade oder abgewinkelt, die passende Variante für Sie lässt sich problemlos ausführen. Das Grundgerüst dieses patentierten Systems besteht aus einer **Rahmenkonstruktion** mit **Aluprofilen**, die sowohl in der Länge als auch in der Höhe auf die Rastermaße der Glasbausteine abgestimmt werden müssen. Auf Gehrung geschnitten, lassen die Profile fast jede Form zu.

Mit Hilfe von innen liegenden Winkeln werden die Profile miteinander verbunden und am Boden verschraubt. Die waagrechten und senkrechten Aluleisten werden zusätzlich mit Metallbolzen miteinander fest verbunden.

1 Aus zwei 22 mm starken wasserverleimten **Span- oder MDF-Platten** sägen Sie die Plattenform für die Lichtabhängung sowie für die Theke heraus.

2 Die **Lichtabhängungsplatte** hat den gleichen Innenbogen wie die **Thekenplatte**. Schneiden Sie in die Deckenplatte Löcher für die Einbauleuchten heraus.

1

2

Arbeitsanleitung: Theke aus Glasbausteinen

3

6

4

7

5

8

3 Die Thekenwange wird ebenfalls aus Holz gefertigt. Entweder verwenden Sie mehrfach miteinander verleimte, treppenförmig ausgeschnittene Holzplatten oder Sie fertigen zwei Deckplatten mit einem Zwischenrahmen an. Den Korpus spachteln, grundieren und lackieren Sie. Zusätzlich können Sie die Kanten noch mit Spiegeln verkleiden.

4 Den so vorbereiteten Thekenabschluss schrauben Sie nun am Aluminiumrahmen mehrfach fest.

5 Nun beginnen Sie mit dem Einsetzen der Glasbausteine. Die **Kunststoff-Combiclips** legen Sie dabei in die Aluminiumleiste unten als Halt für die Glasbausteine ein.

6 Der senkrechte Halt wird durch **Armierungseisen** gewährleistet, auf die ebenfalls die Combiclips aufgedrückt werden. Bereiten Sie die Eisen so vor, dass jeweils in der entsprechenden Steinhöhe mittig ein Clip rechts und einer links sitzt.

7 Nach und nach werden nun die Armiereisen mit der unteren Steinreihe aufgebaut. Oben auf

Arbeitsanleitung: Theke aus Glasbausteinen

die Glasbausteine werden mittig ebenfalls jeweils Clips aufgelegt.

8 Bei einer gekrümmten Theke ist der Außenradius größer als der innere. Daher wird außen auf die Clips zusätzlich noch ein halber aufgesteckt.

9–10 Bevor Sie die oberen Glasbausteinreihen einsetzen, legen Sie die Thekenplatte auf und verschrauben sie von unten her mit dem Rahmenprofil.

11 Die Fugen werden mit Acryl- oder Silikondispersion verfugt.

Arbeitsanleitung: Bücherregal für die Dachschräge

Zweimal schräg: Regal im Giebel

Arbeitsanleitung: Bücherregal für die Dachschräge

Material
Fertigsystemteile, (teilweise können Sie sich die Teile auch nach Angaben in Maßskizzen vorfertigen lassen).

Werkzeug

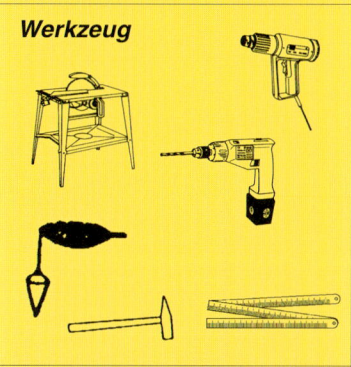

Schwierigkeitsgrad

Kraftaufwand

Arbeitszeit
Hierfür sollten Sie etwa 3 Tage einplanen.

Ersparnis
Durch Eigenarbeit können Sie rund 1000 bis 1500 € einsparen.

Zweimal schräg – eine diffizile Angelegenheit, die schon etwas Geschick erfordert. Um sich den Regalbau zu erleichtern, können Sie Rasterelemente aus einem Möbelprogramm verwenden, die sich flexibel an die Raumsituation anpassen lassen.

Auch eine schräg verlaufende Wand wie die Giebelwand, die nicht rechtwinklig zu den Außenmauern verläuft, lässt sich einfach durch eine Version mit Rückwand kaschieren. Zusätzlich kann man mit niedrigen Schrank- oder Regalelementen die Wandbereiche unter der Dachschräge sinnvoll nutzen.

1 Als erstes verschrauben Sie die unteren Schubladenelemente mit der Sockelblende und den kurzen Stollenelementen.

2 Nun werden die ersten drei Elemente richtig positioniert und mit der Wasserwaage ausgerichtet. Das erste Element wird im rechten Winkel zur Durchgangstür gesetzt, die beiden anderen im gewünschten Winkel in den Raum gedreht.

3 Damit die Stollen für die Regale an der Dachschräge einge-

1

2

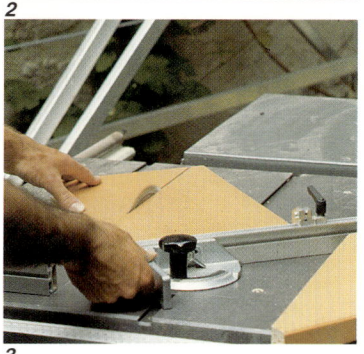
3

Arbeitsanleitung: Bücherregal für die Dachschräge

passt werden können, sägen Sie sie mit der Tischkreissäge dreieckig zurecht.

4–5 Gegebenenfalls sind noch Ausklinkungen notwendig, wenn beispielsweise das Dachpfettenholz wie in diesem Fall über den Fußboden hinaus steht. Zur Abdeckung der Fußpfette können Sie aus dem Möbelsystem Sockelböden verwenden, die Sie zwischen die Ständerstollen einpassen.

6 Für die seitlichen Regale schneiden Sie nun die Rückwände zurecht und passen sie ein. Die Abdeckplatten müssen ausgeklinkt werden, damit Sie sie zwischen die Dachsparren schieben können. Mit Regalbodenträgern werden die Dachplatten senkrecht mit den Stollen verbunden.

7 Jetzt legen Sie die Abdeckplatten auf die Schubladenelemente. Zeichnen Sie im Gehrungsbereich den Schnittverlauf so an, dass er mittig zwischen den Unterschrankteilen liegt, damit die Schnittkante nachher durch die Regalstollen sauber abgedeckt wird. Mit der Tischkreissäge erhalten Sie gerade Schnitte.

Arbeitsanleitung: Bücherregal für die Dachschräge

8 Nun setzen Sie den ersten **Regalstollen** an die Dachschräge. Dabei muss der Stollen zweimal schräg, unten und oben hinten, geschnitten werden. Im Bereich, in dem nachher die weiteren Stollen an die Schrägen treffen, schrauben Sie ihn am Dachbalken fest.

Die **Rückwände** werden nach und nach auf Maß geschnitten und eingepasst.

9–10 Senkrecht über den Stollen der Unterschränke werden die Regalstollen angebracht. Mit dem Lot ermitteln Sie die Höhe des Stollens. Oben wird der Stollen mit der schräg liegenden Abschlussblende verschraubt.

Profitipp
Die exakte Länge der Regalstollen ermitteln Sie mit dem Senklot. Dabei nehmen Sie die längere Kante ins Lot. Die Schräge oben ergibt sich aus dem Winkel der Dachneigung, den Sie mittels Wasserwaage und Winkelschmiege ermitteln können.

11 Nachdem Sie den zweiten Regalstollen angebracht haben, müssen Sie die obere Deckplatte verlängern. Sägen Sie sie auf die erforderliche Breite zu und schrauben Sie diese wie die erste Deckplatte am Sparren fest.

12 Die Rückwand über der Tür können Sie nach dem Zuschneiden einfach auf den Türrahmen aufsetzen und mit den Deckplatten fixieren. Als Türabschluss setzen Sie ein Regalbrett in der erforderlichen Länge ein. Durch die Verbinder werden die Seitenträger automatisch in der richtigen Lage gehalten.

Damit die Regalbretter im Giebelbereich über der Tür nicht zu breit werden und bei Belastung durchhängen, bringen Sie mittig noch einen Stollen ein, der die Breite in zwei Hälften teilt.

13 Wo die Seitenwandstollen nicht parallel zueinander stehen, können Sie natürlich nicht die Systemregalbretter verwenden. Dazu müssen Sie längere Regalböden ein- oder zweiseitig auf Winkel schneiden. Die Hülsen für die Fachbodenträger werden dann mit dem Topflochbohrer eingesenkt. Messen Sie die unterschiedlichen Längen exakt aus!

10

11

12

Arbeitsanleitung: Bücherregal für die Dachschräge

13

14

15

14 Im Bereich der schräg liegenden Abdeckstollen können Sie die Fachböden nicht mehr mit diesem System fixieren. Hier behelfen Sie sich damit, dass die Böden schräg von unten mit dem Stollenelement exakt verschraubt werden.

15 In Bereichen, in denen die Regale zu schmal werden würden, wie auf der rechten Seite in diesem Beispiel, bietet es sich an, die Wandecke mit **Rückwandelementen** zu verkleiden. Die Löcher für eventuell vorhandene Schalter oder Steckdosen können Sie mit einer Lochsäge oder Stichsäge herausschneiden.

16 Nach Abschluss der Arbeiten werden Sie viel Spaß mit Ihrer gemütlichen Leseecke unter dem Dach haben.

16

Arbeitsanleitung: Bücherregal für die Dachschräge

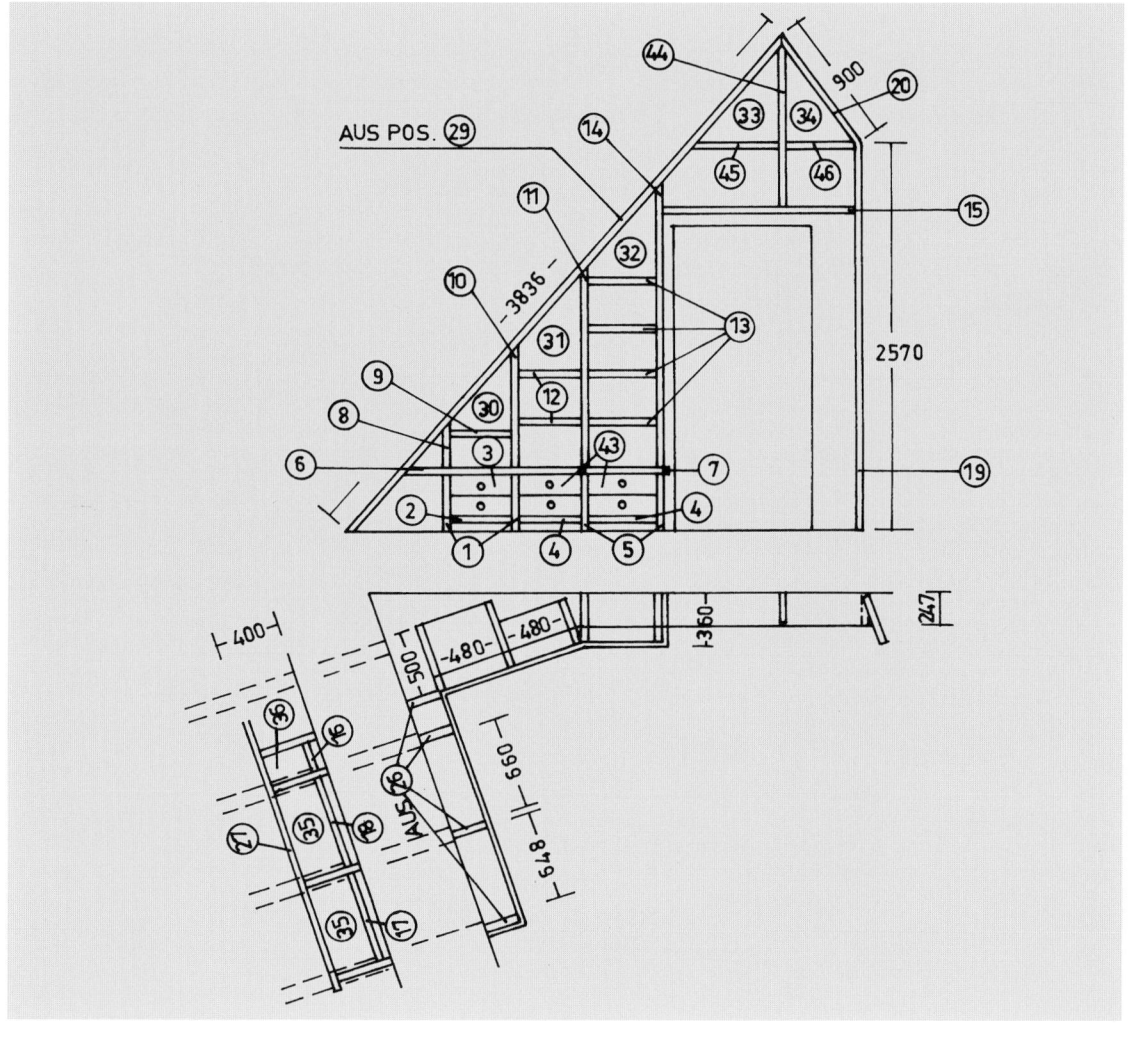

Arbeitsanleitung: Garderobenschrank

Garderobenschrank mit Dach

Arbeitsanleitung: Garderobenschrank

Material
Siehe nebenstehende Materialliste, Farblasur oder Beize, Klarlack.

Werkzeug

Schwierigkeitsgrad
0 1 2 3

Kraftaufwand
0 1 2 3

Arbeitszeit
Planen Sie ungefähr 2 Tage ein.

Ersparnis
Durch Eigenleistung können Sie rund 200 € sparen.

Materialliste

Pos.	Anz.	Bezeichnung	Maße in mm	Material
1	2	Verbindungsbögen	1700 x 460	Tischlerplatte 19 mm
2	2	Zwischenböden	450 x 460	
3	4	Seitenwände Korpus oben	1000 x 400	
4	4	Seitenwände Korpus unten	660 x 400	
5	2	Dachteile	832 x 400	
6	2	Dachteilstützen	162 x 400	
7	2	Rückwände Korpus oben	1000 x 260	
8	2	Rückwände Korpus unten	660 x 260	
9	4	Seitengiebel	150 x 260	
10	10	Türen	317 x 257	
11	2	Dach-Abschlüsse	260 x 356	
12	8	Korpus-Abschlüsse	260 x 355	
13	6	feste Fachböden	260 x 378	
14	N	lose Fachböden	259 x 355	
15	2	Sockel-Leisten längs	20 x 50 x 1380	
16	4	Sockel-Leisten quer	20 x 50 x 400	
17	23 m	Federleisten	4 x 16	Sperrholz
	50 m	Umleimer zum Aufbügeln	0,5 x 22	Esche natur
19	20	Topfbänder		Metall
20	10	Anschlagpuffer selbstklebend	ø 8 x 1	Kunststoff
21	4N	Fachbodenträger	ø 5 x 20	Metall
22	1	Schrankrohr	ø 25 x 850	
23	16	Senkkopf-Schrauben	M6 x 60	
24	8	Senkkopf-Schrauben	M6 x 80	
25	24	Einschlagmuttern	M6	

Arbeitsanleitung: Garderobenschrank

1

2

3

Dass Garderoben nicht immer einfache Funktionsmöbel sein müssen, beweist das schmucke Beispiel. Es bietet neben einer großzügigen Hängestange für Ihre Mäntel und Jacken in den seitlichen Regalelementen genügend Stauraum für Schuhe, Schals, Handschuhe usw.

Das abgebildete Beispiel wird aus 19 mm starken Tischlerplatten gebaut, die Kanten werden mit Esche-Umleimer versehen.

Profitipp
Achten Sie beim Kauf der Platten und beim Zuschneiden auf die Maserung. Die in der auf S. 83 stehenden Materialliste zuerst aufgeführte Maßzahl ist das Maß in Furnierrichtung.

1 Die Teile der Garderobe sägen Sie einfach mit der Handkreissäge. Für die Querkanten der beiden Dachbretter sowie für die Längskante der inneren Giebelstützteile stellen Sie die Kreissäge auf einen 30-Grad-Winkel ein. Für die Längskante der Dachabschlüsse sägen Sie zuerst die Kante im 45-Grad-Winkel ab, anschließend hobeln Sie diese noch auf einen 60-Grad-Winkel zu.

Damit die unteren seitlichen Querkanten der beiden Dachteile plan zugerichtet werden können, hobeln Sie diese Kanten nur annähernd zu und richten sie nach dem Verleimen mit den Unterseiten der Abschlusselemente auf gleiches Maß aus.

2 Einfach lassen sich die notwendigen Nuten an den Eschenleisten des Sockels einsägen. Vorsicht, das Sägeblatt immer an den Innenseiten der angezeichneten Nuten ansetzen, damit die Werkstücke auch passgenau gesteckt werden können. Mit Feile oder Raspel werden die vorgesägten Nuten anschließend auf Passung gebracht.

3 Die Verbindung der einzelnen Garderobenteile wird durch Federn mit einer Stärke von 4 mm bewerkstelligt. Als Nächstes werden nun die notwendigen Nuten mit einem in die Oberfräse eingespannten Scheibennutfräser herausgenommen (Kantennuten materialmittig). Bei den Nuten in der Fläche empfiehlt es sich, mit denen für die Rückwand und Seitengiebel im Abstand von 10 mm zur Außenkante zu beginnen. Alle anderen Nuten fräsen

Arbeitsanleitung: Garderobenschrank

Sie im Abstand von 8 mm zur jeweiligen Außenkante.

4 Für die Einbringung der Fachböden und die Verbindung der Dachteile wird die Oberfräse mit dem Fangkorb versehen. Mit der Anschlagschiene sorgen Sie für die notwendige Führung beim Fräsen. Die Kante der inneren Giebelteile wird senkrecht zur Schräge des Kantenverlaufs ausgeführt.

5 Als Nächstes bearbeiten Sie die beiden seitlichen Schrankelemente. In die Innenflächen der beiden äußeren senkrechten Wandteile bohren Sie die Löcher für die Regalbodenträger. Mit einer Schablone erleichtern Sie sich das Arbeiten; außerdem erhalten Sie gleichmäßige Abstände. Wenn Sie die unteren Regalabschnitte als Schuhschrank benutzen wollen, sollten Sie für ausreichende Belüftung sorgen. Dazu können Sie in die Fachböden und in die Rückwand mit dem Forstnerbohrer Belüftungslöcher (D = 25 mm) bohren.

Im gleichen Durchmesser werden die Aufnahmelöcher für die Kleiderstange in die inneren

4

5

Arbeitsanleitung: Garderobenschrank

6

7

Seitenteile sowie die Topflöcher für die Scharniere und die Grifflöcher in die Türbretter gebohrt.

6 Anschließend werden die Bohrungen für die zu verschraubenden Teile ausgeführt und mit dem Versenker ausgerieben. Vergessen Sie nicht die Löcher für die Einschlagmuttern im Dachbereich, in die Sie anschließend mit dem Hammer die Muttern plan einschlagen.

7 Nach dem Aufbringen der Umleimer und dem Abnehmen der Überstände werden alle Teile sorgfältig geschliffen und anschließend mit Wachs oder Lack farbig oberflächenbehandelt. Achten Sie beim Verleimen auf den notwendigen Anpressdruck während der Trockenphase.

Profitipp
Wenn Sie die Garderobe mit anderen Maßen bauen, achten Sie auf die notwendige Tiefe zum Hängen der Kleidung. Die Kleiderstange sollte nicht zu lang werden, damit sie sich durch das Gewicht der Kleidungsstücke nicht durchbiegt.

Arbeitsanleitung: Garderobenschrank

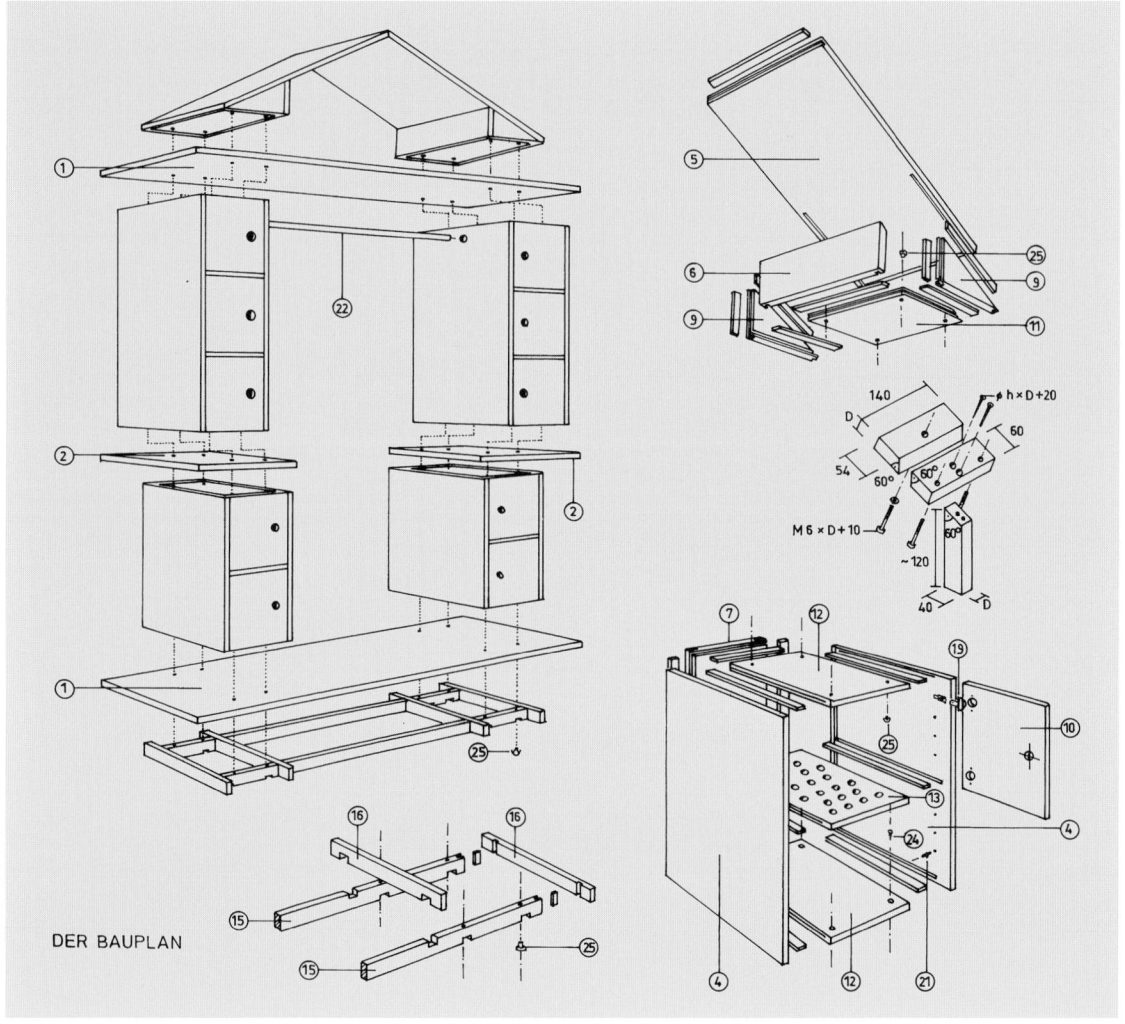

DER BAUPLAN

Arbeitsanleitung: Rollcontainer

Vielseitig einsetzbar – Rollcontainer zum Ausklappen

Arbeitsanleitung: Rollcontainer

Material
Tischler- oder Multiplexplatten, Holzleim, Flachholzdübel, Maschinenschrauben M6 x 80, Beilegscheiben, Muttern M6, Hülsenmuttern, Gewindestift, Schnellschliffgrund, Decklack.

Werkzeug

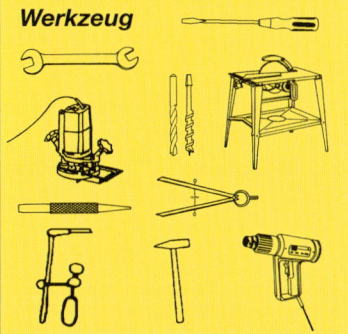

Schwierigkeitsgrad

Kraftaufwand

Arbeitszeit
Hierfür benötigen Sie etwa 1 Tag.

Ersparnis
Damit können Sie rund 250 € einsparen.

Ungewöhnlich flexibel mit viel Stauraum ist der aufklappbare Rollcontainer. In den vier quadratischen Elementen findet die gesamte CD-Sammlung Platz, können Zeitschriften, die Fotoausrüstung ja sogar das Saxophon abgelegt werden. Durch die frei wählbare Inneneinteilung bieten sich natürlich auch andere Einsatzbereiche an.

1 Das Grundmaterial des Rollcontainers besteht aus Schichtholzplatten in der Stärke von 16 mm. Damit keine Übergangskanten entstehen, werden die Boden-, Deck- und Seitenteile der Regalelemente bis auf die Vorderkante in Gehrung geschnitten. Einfach lassen sich solche Schnitte mit der Handkreissäge und einem Fräs-/Kapptisch bewerkstelligen.

Profitipp
Testen Sie die Genauigkeit des Winkels zuerst an einigen Abfallstücken. Die Passgenauigkeit erhalten Sie, indem Sie die Feineinstellung entsprechend regulieren.

1

2

Arbeitsanleitung: Rollcontainer

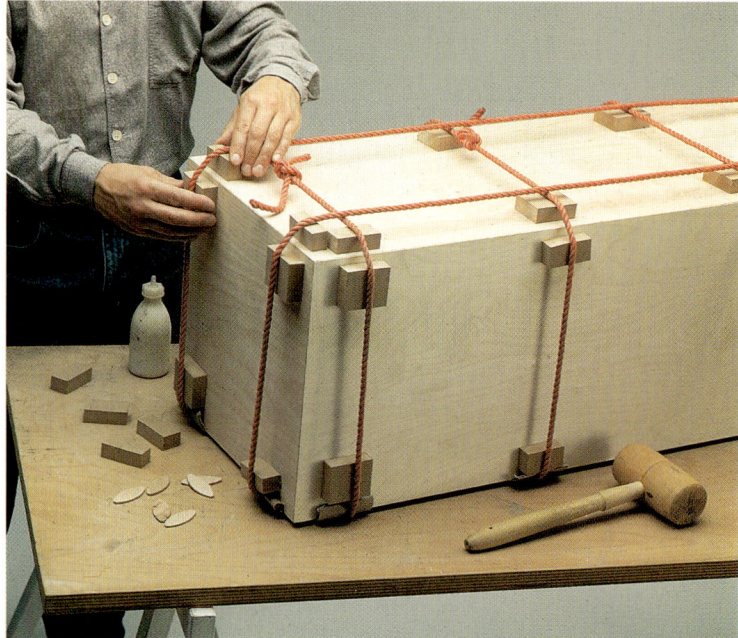

Die waagrechten und senkrechten Regalbretter im Inneren des Rollcontainers werden rechtwinklig und aus optischen Gründen in der Regaltiefe um etwa 2 bis 3 mm geringer zugeschnitten.

2 Sehr gut geeignet für die Verbindung von auf Gehrung geschnittenen Holzteilen sind Flachdübel. Für die Einbringung der entsprechenden Nuten in die Regalbretter können Sie auch die Schattenfugensäge einsetzen. Damit die Säge genügend Auflagefläche erhält, legen Sie auf Ihr Werkstück noch einige von den abgeschrägten Abfallstücken und fixieren diese mit Zwingen.

Der Abstand des umgedrehten Anschlagwinkels soll so gewählt werden, daß die Nut ungefähr 5 mm von der Innenkante der Schräge entfernt ist. So erhalten Sie eine sehr stabile Verbindung. Für die kurzen Verbindungen reichen 3 Dübel, ansonsten setzen Sie 4 bis 5 Dübel ein.

3 Da sich nach dem Zusammenbau die Innenflächen Ihres Möbelstücks nur sehr schwer oberflächenbehandeln lassen, empfiehlt es sich, bereits jetzt diese

Arbeitsanleitung: Rollcontainer

Flächen sorgfältig, z. B. mit einem Exzenterschleifer zu glätten. Falls Sie die Teile farbig lackieren wollen, tragen Sie als Nächstes einen Schnellschleifgrund zum Schließen der Poren und Maserungsvertiefungen auf. Dieser wird nach dem Trocknen nochmals sorgfältig mit einem Schleifpapier (Körnung z. B. 200) glatt geschliffen.

Vor dem Lackieren sollten Sie die Leimkanten mit Malerband abkleben, damit Farbreste eine einwandfreie Verleimung nicht verhindern.
Natürlich können Sie anstelle von einer Lackoberfläche Ihr Möbel nach dem Schleifen auch lasieren oder wachsen.

4 Ungeübte Selbermacher begehen oft den Fehler, nun das Werkstück zusammenzuleimen. Um aber zu überprüfen, ob alle Teile exakt passen, werden die einzelnen Teile mit den Flachdübeln zuerst »trocken« zusammengefügt. Damit die Teile beim Zusammenleimen aneinandergepresst werden können, legen Sie um das zusammengesteckte Werkstück Schnüre, die Sie miteinander verknoten.

Zurecht gelegte Vierkantklötze in verschiedenen Stärken werden nach dem Zusammenkleben zwischen die Holzflächen und die Schnüre gesteckt. Dadurch erhalten Sie den notwendigen Anpressdruck.

Profitipp
Achten Sie beim Verschnüren des Werkstücks darauf, dass die Schnüre bzw. Vierkantklötze nicht auf die Kanten des Möbelstücks drücken und dadurch die Kanten verletzen. Eingelegte Pappstreifen sichern zusätzlich. Die Vierkantklötze müssen plan auf den Holzoberflächen liegen, um Druckstellen zu vermeiden.

5 Die Rollen und Scharnierteile zeichnen Sie sich zuerst sehr sorgfältig mit Zirkel und Lineal auf. Achten Sie darauf, dass die Bohrung für die Achsen (Scharnierteile D = 5 mm, Rollen D = 6 mm) sehr exakt sitzen. Am besten lassen sich die Teile mit der Stichsäge heraussägen.

Hierfür hilfreich ist es, wenn Sie zuerst in die Eckbereiche etwa

5

6

Arbeitsanleitung: Rollcontainer

7

8

10 mm große Löcher bohren, damit Sie die Stichsäge in den engen Kurven und Winkelbereichen sauber führen können.

6 Die letzten Unebenheiten auf den Rollen können Sie nun noch abdrehen. Die Rollen werden mit einer Maschinenschraube fixiert. In den Kopf der Schraube senken Sie mittig eine Vertiefung, in die die Zentrierspitze der Drechseleinrichtung greifen kann.

7 Die Scharnierteile, die die Elemente oben und unten verbinden, müssen nun im Bereich des Kreises noch auf halbe Höhe abgeplattet werden. Durch einen Fixierstift auf einer Unterplatte, der in die Bohrung gesteckt wird, können Sie mit der Oberfräse sauber das notwendige Kreissegment herausfräsen. Anschließend verschieben Sie das Werkstück so lange, bis alle Flächen abgehoben sind.

8 Die Scharnierteile werden von innen mit drei Holzschrauben auf die Schrankteile geschraubt. Nun müssen Sie die Teile noch mit der Hülsenmutter und dem Gewindestift als Achsen zusammenschrauben.

Arbeitsanleitung: Rollcontainer

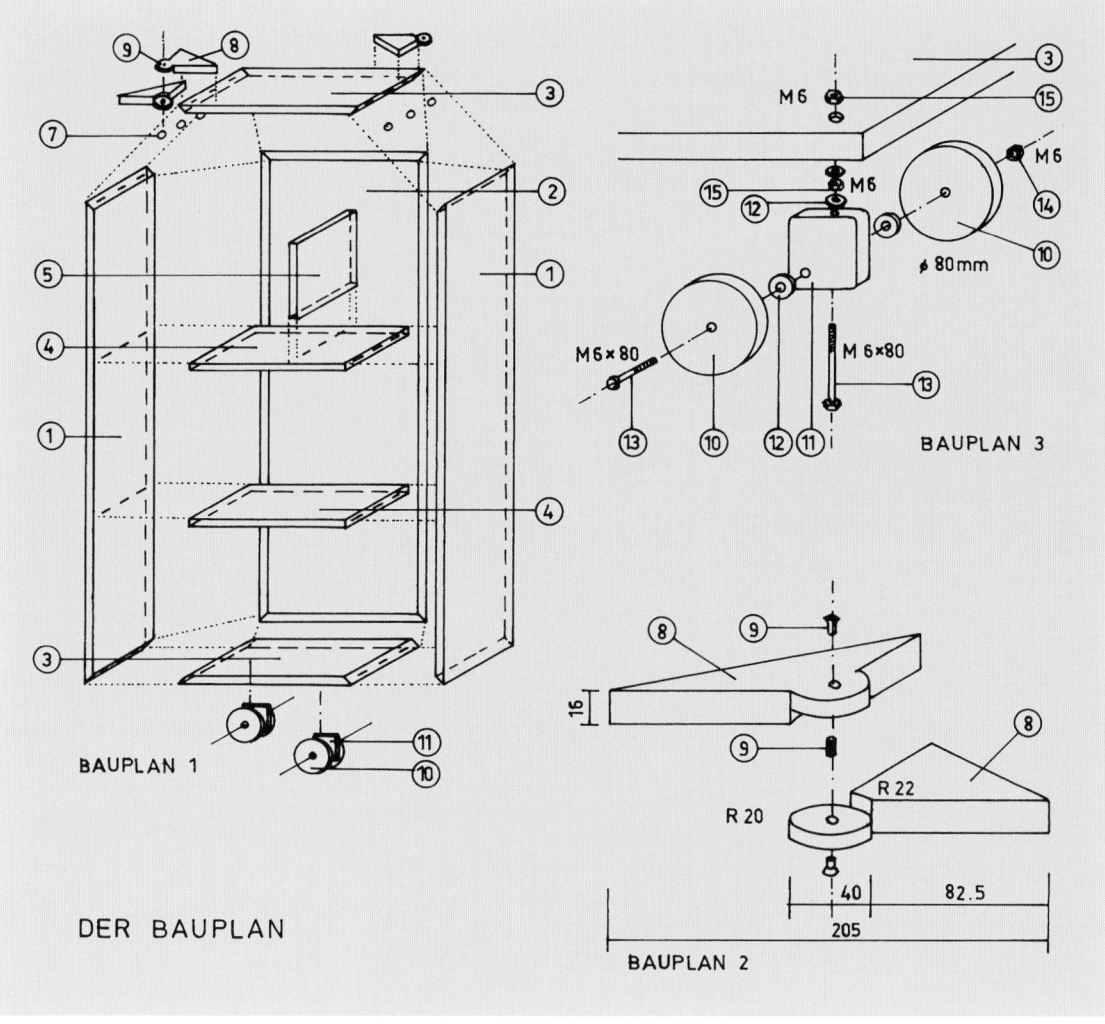

Arbeitsanleitung: Rollcontainer

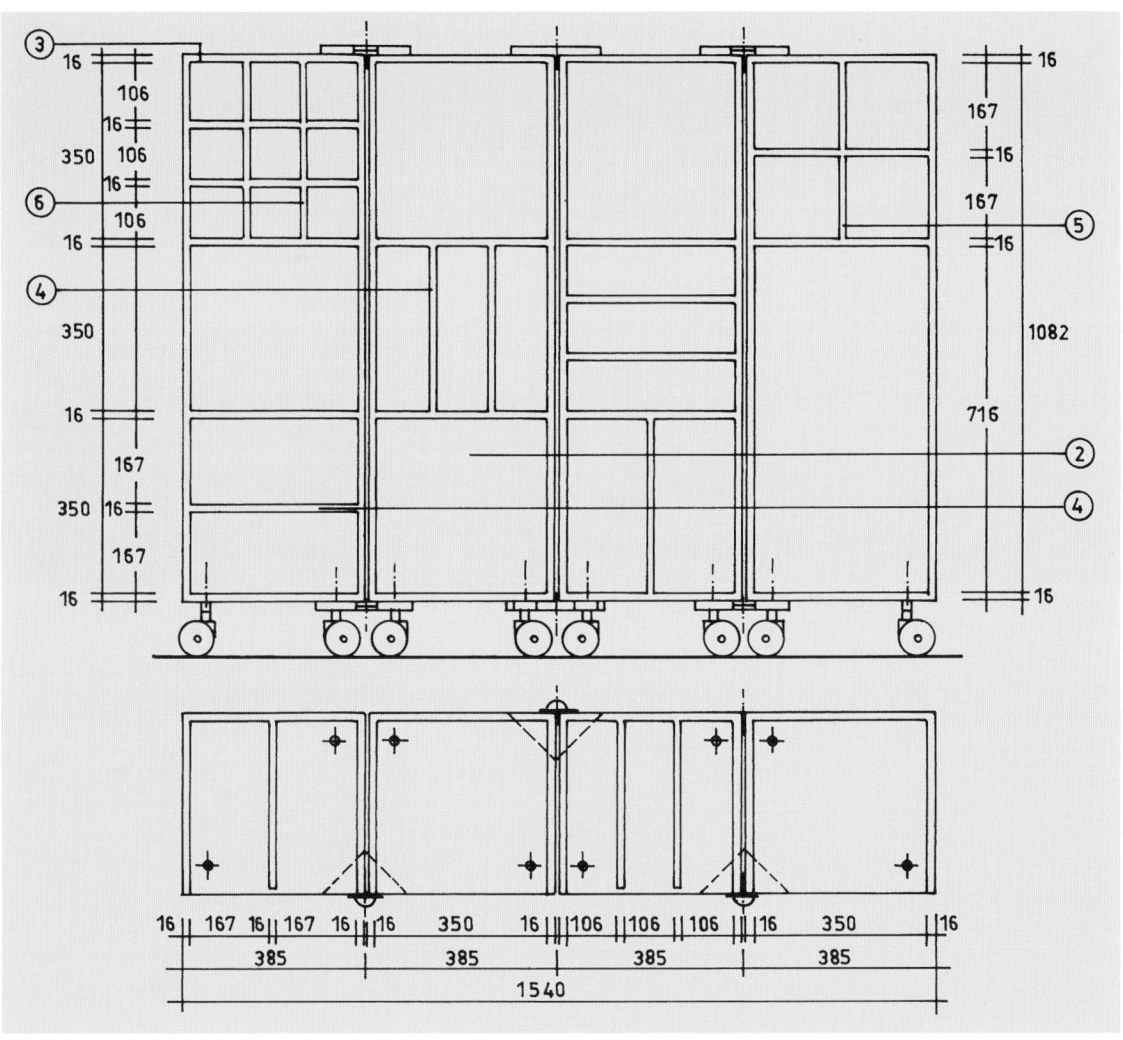

Sachwortregister

Wo finde ich was?

Aluminium 17, 40
Arbeitshandschuhe 10
Arretierstifte 55

Bauplan 8
Beizen 26
Beschlagsysteme 7
Bodenhalter 71
Buntmetalle 17

Deutsche Industrienorm (DIN) 9
Dichtungsbürsten 67
Druckmagnetschnapper 22, 59
Dübelhilfe 49

Farben 7

Gipskartonplatten 20
Glas 18
– Antik- 18
– Draht- 18
– Guss- 18
Glasbausteine 18
– Raumteiler aus 72ff.
Granit 19
Griffblenden 50
Grundkonstruktion 57

Hartfaserplatte 15
Heißklebepistole 25
Holz 12
– arten 13, 14
– Kern- 12

– Leim- 15, 40, 49, 57
– -schutz 27
– Sperr- 15
Holzdübel 49, 71
Holzverbindungen 32, 49
– Dübelverbindung 32
– Eckverbindung 32, 33
– Zapfenverbindung 33
– Zinkenverbindung 34

Klebstoffe 25
Kupfer 27
Kurvenschnitt 38

Lacke 26
Lamellentür 55, 58
Lappenband 23
Lasuren 26
Laufleiste 71
Leinöl 27
Lichteinwirkung 7

Marmor 19
MDF-Platte 15
Multiplexplatte 15, 63

Nuten fräsen 53

Oberflächenbehandlung 26, 27, 57

Planung 6
Plexiglas 21

Polyurethanleim 24
Porenbeton 20
– bearbeiten 39
– Raumteiler 60 ff.

Regale
– zerlegbar 6
Rostschutz 26

Schraubenarten 32
Schraubzwingen 71
Schutzmaske 10
Schutzbrille 10
Sicherheitsregeln 10
Sichtkanten 57
Spanplatte 15
– melaminbeschichtet 70
Stahl 16, 26
Standsicherheit 11

Tischlerplatte 15, 63
Topfbandscharnier 23, 50
Trägerhülsen 58

Überblattung 32

Umleimer 70

Weißleim 24
Winkeleisen 22, 71

Zapfenband 22, 23
Zink 17

95

Bildquellennachweis

Abbildungsverzeichnis

Die nachfolgend genannten Personen und Firmen haben Bildmaterial zur Verfügung gestellt. Wir möchten ihnen für die freundliche Unterstützung danken.

Robert Bosch GmbH
Max-Lang-Str. 40-46
70771 Leinfelden-Echterdingen
S. 11 (li., re.), 29 (li.), 35, 82, 84 (1-3), 85 (4-5), 86 (6-7), 88, 89 (1-2), 90 (3-4), 91 (5-6), 92 (7-8)

CMA
Centrale Marketing-Gesellschaft
Koblenzer Straße 148
53177 Bonn
S. 12

Guddas
Raumplus Letzelter GmbH
Vorweide 4
28259 Bremen, S. 64, 66 (1-6), 67

Hebel AG
Postfach 1353
82243 Fürstenfeldbruck, S. 9, 20, 29 (u.), 39, 60, 61 (1-2), 63 (5)

hülsta-werke
Hüls GmbH & Co. KG
Postfach 1212
48693 Stadtlohn
S. 18, 29 (o.)

Interlübke
Gebr. Lübke GmbH & Co. KG
Möbelwerke
33373 Rheda-Wiedenbrück
S. 16

OMNIA-Möbelwerke
Ernst Hilker GmbH & Co.
Postfach 2353
32713 Detmold
S. 5 (li.), 28

OSMO
Ostermann & Scheiwe
GmbH & Co.
Hafenweg 31
48155 Münster
S. 4 (li., re.), 6, 40, 42 (3-5), 44 (6-9), 45 (10-11), 46 (13-16), 48, 50 (2-5), 51 (6-7), 52, 53 (1-3), 54 (4-7), 55 (8-9), 56, 57 (1-3), 58 (4-6), 59 (7-12), 76, 77 (1-3), 78 (4-9), 79 (10-12), 80 (13-16)

Robbi Beschläge
Lange Str. 51
49326 Melle-Neuenkirchen
S. 22 (o. re.)

Studio Casa
Kerstingskamp 13
48159 Münster
S. 72, 73 (1-2), 74 (3-8), 75 (9-11)

UHU Vertrieb GmbH
Postfach 1552
77813 Bühl
S. 7, 21, 24, 26 (m.), 68, 70 (1-2), 71 (3-5)

Weitere Bildquellen:
Niels Clausen
Oberhausener Str. 2
85293 Oberpaindorf
S. 13 (o., u.re.), 14 (u.re., li.)

Heidi Häfelein
Weingarten 2
84104 Rudelzhausen
S. 22 (m.li., re.) (u.li.)

Erich H. Heimann
Schloßstr. 15
40477 Düsseldorf
S. 34 (5)

Folgende Abbildungen auf den Seiten 5 (re.), 13 (li. m.), 14 (o.li.), 22 (u.re.), 23 (o.m.), 34 (6-8) stammen aus: **Compact Praxis »do it yourself«** Selbst Möbel und Spielzeug für Kinder bauen; die Abbildung auf S. 15 stammt aus: **Compact Heimwerkerbibliothek** Sägen & Hobeln.

Alle übrigen Abbildungen stammen aus dem Archiv des Autors.